信仰與文化

李亦園著

推薦序

Airiti Press重新刊印、出版我的老師李亦園院士在民國67年出版的《信仰與文化》，邀請我撰寫一篇「推薦序」，令我惶恐至極！作為李院士的一個老學生，我對於李老師的出版品大多詳細的拜讀過，但是為了要寫這篇推薦序，我又重新讀了一遍《信仰與文化》，我發現：

一、這本書的初版距今已有32年了，但是它的內容在今天讀起來，一點也沒有老舊的感覺。李老師在書中討論的一些觀點、現象，除了以深入淺出的方式，介紹了文化人類學者如何研究宗教信仰、文化之外，他最引人入勝的地方是應用了許多「在地人」都比較熟悉的社會現象、風俗習慣來說明人類學者如何看待、分析這些現象與習俗。

二、李老師的這本書收集了他在民國63年至67年間撰寫的二十九篇文章，因為文章的內容都與宗教信仰與文化現象，特別是當時台灣的一些文化現象有關，所以編列成書，提供台灣的讀者，特別是對人文、社會科學有興趣的讀者一本「工具書」。既介紹了文化人類學的一些重要的概念與學說，又提供了讀者一些他們周遭的事例，藉以闡明人類學者如何看待、解釋社會現象。所以，《信仰與文化》實在也是一本介紹應用人類學的佳作！它告訴廣大的讀者們人類學的社會意義——人類學不是一門關在象牙塔裡的學究們研究的冷門學科，它其實是一門「入世」的社會科學。人類學者不但研究「他者」（或是過去被形容為奇風異俗的研究者），人類學者是在研究他者的過程中建立概念、理論，然後再用這些從比較研究中建立的理論來解析自己周遭的文化。因此，就我這個研讀文化人類學已有數十年歷史的老學生而言，這是一本可以讓我「溫故」而「知新」的好書！

前俄亥俄州立大學人類學系主任
陳中民

目錄

貳、文化篇

李亦園

福建晉江人，民國二十年生。

曾任：中央研究院民族學研究所所長
國立台灣大學人類學系教授
中央研究院院士
中央研究院民族學研究所研究員
國立清華大學人文社會學院院長

現任：蔣經國國際學術交流基金會董事長
中央研究院院士
國立清華大學人類學研究所榮譽講座教授

著作：「文化與行為」（商務）、「一個移殖的市鎮」（中研）、「台灣土著民族的社會與文化」（聯經）、「師徒、神話及其他」（正中）、「人類學與現代社會」（水牛）、「人類學概論」（空大）、「文化的圖像（上、下冊）」（允晨）、「文化與修養」（幼獅）、「人類的視野」（上海文藝）、「宗教與神話論集」（立緒）、「田野圖像」（立緒）、「李亦園自選集」（上海教育）、「說文化、談宗教」（台灣大學），編有「中國人的性格」（中研）、「文化人類學選讀」（食貨）、「現代化與中國化論集」（桂冠）及「社會變遷與宗教皈依」等論文百餘篇。

自序

宗教是人類社會不可或缺的制度之一，自從人類成為「人」之後，恐怕就有宗教信仰存在。例如在舊石器時代的早期，五十萬年前的北京人時代，也許就有宗教巫術的觀念出現。著名的古生物學家孔尼華（von Koenigswald）就認為所有北京人的後頭骨都在同一部位被打開的現象，很可能是有吃腦髓的習慣。但是北京人已是很能狩獵的人，用不着吃同類，所以孔尼華認為這可能是一種巫術行為，認為吃了腦髓可以獲得死者的靈力。較晚，舊石器時代中期歐洲的尼安德塔人，更有明顯的宗教信仰痕跡存在，尼安德塔人已經懂得把死者埋在固定的地方，並且很有規則地把殉葬器物埋在墓地裡。舊石器時代晚期的克羅馬囊人，除去有規則的埋葬與殉葬品之外，更在死者頭骨上塗上紅赭色，這是更明顯的死靈觀念的表現。同時，歐洲舊石器時代晚期石洞中的壁畫，許多主題也都被考古家認為是具有「交感巫術」的圖畫。至於在現存的諸多人類種族之中，無論是原始或文明者，都有各種不同的宗教存在，最原始的為澳洲土人或南美洲阿馬遜河流域的印地安人，且有相當複雜的宗教體系為其文化的特徵，而今日號稱科技文明最高的歐美社會，宗教的力量仍佔重要的地位。

宗教信仰之所以如此古老而又普遍地存在於人類社會之中，是因為宗教對人類社會的存在有重要的功能意義，宗教不但給予人們在憂慮挫折中得到慰藉與寄託，同時也給予人群作為整合團結的手段，而更重要的是宗教崇拜的對象是人類對自己、對社會、對宇宙存在的一種理想目標，宗教的存在在最深的層次是維持了人類觀念體系的和諧，也就等於對人性，對文化的維護。雖然宗教對人類社會是這樣一種不可或缺的制度，但是，它卻僅是人類眾多文化因素之中的一種，而不是惟一僅有的制度。因此之故，假如有人要以為宗教是人類生活的一切，並以為宗教即可解決一切人生的問題，進而過份依賴宗教，那就是非常錯誤的。可是很不幸的，我們目前的社會正相當程度地為這種心態所彌漫，到處看到的是無知可笑的迷信，以及狂熱、盲目的信教。這種心態對社會正常的發展實有很大的妨礙，也是關心社會文化發展的人最憂心之處。

對於一些盲目依賴宗教，甚而危害社會正常發展的迷信行為，固然可以經由政治的力量予以禁止或嚴格管制，但是，這總是治標之道，而不能作根本解決的辦法。要對不合理的迷信行為作有效的阻遏，只有對這種行為先作深入的瞭解。我個人認為對宗教行為的探討，可以從個人的及群體的兩個層次去分析。在個人的層次方面，那些宗教的狂熱者，盲信者，很多都是心理狀態較特殊的人，他們不是受挫折的人，就是憂慮不能滿足的人；他們不是無所歸屬者，就是不滿現實者，宗教對他們實際上是一種逃避或麻醉，對於這些宗教學上稱為

「虔信者」的人，我們只有從心理的層次去分析，甚而同情他們，才能對問題的真象會有所瞭解。

在群體的層次上，每一種宗教行為的存在，都不是孤立的現象，而是必有其相互關連、互為因果的文化社會因素在作用。要瞭解宗教現象的諸多樣相，只有從社會文化的角度入手，才能有全盤性的把握。研究社會文化與宗教信仰的相互關係，又可以從兩方面去探討：一方面是對一個社會的整個體系作深入的觀察與分析，從表層而裡層地瞭解整個體系的機能作用；另一方面則是從比較不同文化的方法入手，進而尋求其因何而同，因何而異，如此則能對人類宗教行為的基本法則理出一較清楚的輪廓。有了這些基礎性的知識之後，然後要對不合理的迷信作適當的處理，就會易於收事半功倍之效，最少不至於產生偏見或過激的行為。

最近三年來（按：民國六十四至六十七年），因為社會上各種不同特殊宗教現象不斷地出現，為了要使社會大眾較深入地瞭解這些現象的真實意義，所以我陸續寫了好幾篇較通俗的文章，先後在雜誌及報紙上發表。每一篇文章的主題也許都不同，但都是從上述的社會文化及心理的層次去分析宗教信仰的意義，現在集在一起印成一冊，就以「信仰與文化」為書名，其本意也就是希望從文化的立場去解釋宗教信仰的本質。

本書共收長短不齊的文章廿九篇，都是近三年來陸續寫成的，最早的一篇發表於民國六十四年初，最近的一篇則草就於本年初，所以這是代表我最近三年來的一些想法與看法。在廿九篇文章中，有十篇是直接與宗教信仰有關的，所以放在前半部，並用「信仰篇」為標題；其他十九篇，也大都是論社會文化的作品，因此集在一起成為後半部，並標以「文化篇」的標題，這樣兩部份合起來，正切合「信仰與文化」的書名。

我個人對宗教信仰的興趣，目前雖是由於職業研究的緣故，但是早期的宗教經驗卻是由先祖母許嫖娘女士與家慈林朝素女士所啟發的，在此我謹將本書獻給她們。同時，由於本書的出版，我也多少可以向多年來希望我完成「原始宗教」教科書的朋友們和同學們有一點交代了。

李亦園

記於民國六十七年六月八日

中央研究院五十週年院慶前夕

壹、信仰篇

信仰與文化

一

宗教信仰的研究一向是一個爭執最激烈的問題，有信仰的人經常認為假如你沒有「信」，你就無法進到「宗教」裡去，那麼你如何去研究宗教呢？沒有信仰的人則反駁之，以為先有了信仰某種宗教的束縛，這又如何能客觀去分析體認宗教的意義呢？這樣的爭執，因為基本的立場迥異，自然無法達到任何結果，而只有永無止境地爭持下去。其實宗教是遍存於全人類社會的制度，它和其他人類社會的文化制度一樣，都可以經由比較而瞭解其異同，以及其因何而異，因何而同。因此宗教的研究者，不論是有信仰者或無信仰者，都可先經由不同宗教的分析比較，理出一些宗教行為的基本法則，然後再從這些法則為根據去探討他們各自興趣的項目，其結果將會較易於互相溝通，也會較有建設性的意義。

比較不同社會的宗教信仰及行為，尤其是把全人類許許多多不同發展程度的社會文化都放在一起作比較研究，我們不但很容易發現人類宗教行為的基本雷同之處與其歧異之點，而且可以清楚地分析出不同的宗教信仰及行為與其他社會文化因素伴隨出現的情形。例如人類對超自然存在或神靈之基本態度的差異、宗教與巫術的不同、一神信仰與多神信仰的出現、宗教儀式舉行的差別、再生輪迴觀念的有無，以至於對宇宙存在觀念的同異等等，都可因系統的比較而尋找出其為何而同及為何而異的因素。人類學家把握了數百個民族文化的資料，這數百個民族文化的資料大致已較完整地代表人類文化行為的「全域」，因此用這些資料作比較研究，我們可以看出文化如何有力地塑模一個民族的信仰，以及一個民族的信仰如何成為文化整體的一部份而反過來影響文化的其他層面，瞭解了信仰與文化之間的相互關係，再進一步對宗教問題加以探討，其意義比單從宗教本身的層次去瞭解要積極而寬廣得多。

二

人類對神靈或超自然存在最基本的態度不外乎認為神是善的或惡的，或者更嚴格一點說，認為神是能保佑給恩惠予人的或者是會懲罰作祟於人的。自然在這一對基本態度之下，仍可不斷再加以分別，例如神的保佑賜恩與懲罰作祟都可分為是有條件的或有原因的以及無條件的或無常的。換而言之，人可以認為神的懲罰作祟是無常的或者是因為人犯過、不遵守規則而引起的，同樣，人也可以認為神的保佑賜福是無條件的或者是因為人的行為滿足了神的要求而帶來的。有條件的保佑賜福又可分為兩方面，一方面是消極性的，也就是只要人虔誠服從，就可得到神的保佑，另一方面則是積極性的，也就是依賴人舉行各種儀式以祭神，才能得到神的恩惠。舉行儀式也有種類的差別，有些儀式是屬於巫術性的，也就是帶有強迫性地要求神靈給予人所希望要的東西，有些儀式則屬於祈求性的，祈求神的憐憫而賜福的。

世界上各種民族對神靈的態度差別很大，有的認為神是慈愛的，有的則認為超自然是可怖而無常的；有的認為超自然是可以用手段迫使它給人好處，有的則認為神是至高無上，只有祈求虔敬才能得到它的保佑的。為什麼各民族之間對神的態度會有如此的不同呢？這種不同能不能從各民族的文化模式裡找到一些線索呢？有一派人類學家因受到弗洛伊德心理分析學派的影響較深，很著重於說明早期兒童教養方式與宗教信仰態度間的關係。他們認為父母親對無意識的嬰兒影響最深，因此長大後容易把父母的影象投射成為超自然或神靈，而父母親的教養方式就經常轉變成為與神靈有關的態度。教養方式苛嚴或寬容與神的善惡有關，教養方式的一致性與否則與神的懲獎是否無常有關，過份溺愛的父母則與行強迫性巫術儀式的普遍性有關。這樣的理論也許有人不喜歡，也許有些人認為沒有令人相信的證據。喜不喜歡假如暫且不管，我們不妨先看看有沒有可信的證據可資證明或支持。有兩位人類學家史拜洛（Melford E. Spiro）和譚德拉（Roy G. D' andrade）曾就各民族的教養方式與宗教信仰態度間的關係作泛文化比較研究，所得的結果相當有趣並且很有說服力（Spiro and D' andrade, 1958）。

史拜洛等人的研究先着重於教養方式的分析（也就是把教養方式當作社會科學所稱的自變數），他們依照心理分析學家的辦法把兒童教養過程分成五個行為系統，這五個行為系統是：口慾系統、排泄系統、性系統、依賴系統與侵略系統，然後分析這五個系統在訓練教養過程中的苛嚴或鬆懈，以及因此而引起的心理滿足與憂慮程度。再進一步他們又把我們在前面所說的對超自然存在的態度，分為如下類別：

一、神是保佑賜福於人的：

(一)無條件。

(二)有條件：

1. 虔敬服從。

2. 做儀式祭祀：

(1)巫術性的強迫儀式。

(2)祈求轉祝的儀式。

二、神是懲罰作祟人的

(一)無條件的。

(二)有條件的。

然後史拜洛等又從世界上重要的文化區中分別選出十一個民族樣本，這十一個樣本都有足夠民族誌資料可以作為兒童教養方式與信仰態度的分析。最後把可用的資料放在一起作統計學的相關處理，所得結果雖未能對五個行為系統的訓練與宗教信仰的態度關係作完整的說明，但也有很有趣的結果。在五個行為系統中依賴行為的訓練似最為突出，早期依賴訓練的獲得高度滿足，與舉行巫術性強迫儀式以獲得神的恩惠有很高的相關（與舉行儀式相關係數為〇，八二，與強迫性儀式相關係數為〇，七二，兩者均有百分之一的顯著度）。換而言之，凡是對兒童依賴訓練能給予高度滿足的民族，其對神靈賜恩的態度大都趨向於採用巫術性的儀式。在另一方面，假如依賴訓練所產生的憂慮很低，則趨向於認為神的恩惠是無條件的可能性愈高（其相關係數為〇，七三，顯著水準為百分之五）。在神的懲罰一方面，五個系統的訓練共同所引起的憂慮與有條件的懲罰有相當重要的相關（相關係數為〇，六一，顯著水準為百分之五），換而言之，一般嬰兒期訓練愈嚴格而引起心理憂慮愈大的民族，則愈趨向於認為如不服從神的諭旨就會受到懲罰。

上述研究的結果假如再用通俗的例子說明，就會更為清楚一點。當父母親養育嬰兒時，一遇到嬰兒用哭、鬧、吵以要求什麼，父母立刻或最少在適當時間內滿足嬰兒的需求，久而久之，就容易養成嬰兒有一種只要我做什麼就能得到所要求東西的態度，這種態度投射成為對神的態度時，就是認為只要我有所動作（作巫術儀式）就能得到神的恩惠。一個民族的教養方式大致都是相同的，假如一個民族中養育兒童的態度都如上述的情形，那麼他們對神的態度也就會產生類似的形態，這也就是在泛文化比較中，依賴訓練滿足度與巫術儀式相關甚高的原因。同樣的道理，假如父母隨時隨地都給予嬰兒各種依賴需要的滿足，嬰兒就不會有任何憂慮產生，因此也就養成嬰兒一種態度認為所有的好處都可以不求而得，這種態度的投射於超自然存在就是認為神的恩惠是無條件給予的。至於在懲罰方面，嚴格的養育方式自然需要用懲罰來處治不遵守規則的，嬰兒恐怕因不服從而引起大人懲罰的態度，很自然地投射而成為對神靈的態度。

從上面的研究裡我們至少可以看出一種趨勢，那就是一個民族對超自然存在的態度似與他們的兒童教養方式具有相當的關聯，一個民族的教養子女法假如是溺愛縱容，則他們對神的態度也是予取予求的；一個民族的教養方式假如是嚴格苛求而前後矛盾的，則他們對神的態度也將是恐惶虔敬而不敢有所違犯的。換而言之，早期訓練教養的印象，經常使父母的影象投射成為神的影象，父母是疼愛保護時，神也偏向保佑施恩；父母如為嚴厲處罰時，神則趨向於可怖無常。從這個觀點看來，宇宙是否有真的神靈存在的問題已不是重要的了，最重要的是各民族如何以他們自己的一套文化把神打扮成他們自己認定的模樣。

三

前節說到人對超自然存在的基本態度，這一節將進一步說明人對神靈數目多寡的想法。一般把宗教分為一神教和多神教之別，其實所謂一神教並非真正相信只有一個神靈的存在，即使在最典型的一神教如猶太教、基督教中，上帝之外仍有撒旦、魔鬼、天使、諸聖等非人的神靈存在。因此所謂一神教的意思實在是指人們相信在宇宙有一主宰之神，它是一切運行之因以及所有行動與存在最終的決定因素。這樣以一最後主宰力量為中心的宗教信仰，並不是「文明宗教」或「高級宗教」所特有的現象，而是同時存在於許多原始民族之中，在此我們所要問的問題是：既然一神教是存在於不同的文明與原始的社會之中，那麼他們之間是否可以找尋出一些共通的社會文化特徵？

研究一神教共通特徵最突出的學者是史璜生（Guy E. Swanson）。史氏是一位社會學者，所以他對一神教的解釋偏向於社會學的理論。史璜生的理論着重於說明社會群體的形態與宗教信仰形式間的關係，在他的名著「神的誕生」（The birth of the Gods）一書中他明白地說明宗教信仰的形式是配合社會群體的需要，同時也是作為支持鞏固社會群體的形態而存在的。對於這位深受法國社會學涂爾幹學派影響的學者而言，有一個最後主宰及決定力量大神的存在，實有助於整合有較多自主社群單位分別存在的社會，因此他認為一神教的信仰，大都出現於存在有多種不同層次的自主社群單位的社會。因為一個社會中如存在有多種頗有自主權的社會群體，那麼這個社會的整合就較不容易，所以需要一個有最後主宰的神以藉其力量來作為社會的整合與統一的手段。史璜生的這一套理論是否可靠，我們照樣可以用泛文化的比較資料獲得說明。表一列出三十九個民族資料比較的結果：

表一所列三十九個民族中可分為三類，首先有十九個民族僅具有自主社群的種類在一至二種之間，在這數民族中只有二個民族是屬於一神信仰者，其他十七個則無明顯一神信仰，因此一神信仰的出現率僅為百分之十一。其次九個具有三種自主社群的民族，其中七

表一：一神信仰與自主社群種類之關係

項目		自主社群種類數		
		一種至二種	三種	四種以上
一神信仰	是	2	7	10
	否	17	2	1
總計		19	9	11
一神信仰出現率		11%	78%	91%

個屬一神信仰者，有二個不是一神教，故一神信仰出現率為百分之七十八。最後一類是有四種以上自主社群的民族計十一個，在這十一個民族中只有一個無一神信仰，其他十個民族均屬一神信仰者，其出現率高達百分之九十一（Swanson, 1960:65）。由此可見，凡是具有較多種類自主社群的民族，其宗教信仰趨向於一神教的可能性愈大。假如我們把具有三個類別以上社群數合在一起計算，則二十個民族中有十七個是屬一神教者，其相關性就更明顯了。若依統計學的計算，這兩個因素相關的顯著水準已達〇．〇〇五以上。

史璜生所說的自主社群單位（Soverign group）種類的多寡是指一個社會中所具有自主權社會群體的類別而言，例如一個民族的社會組織具有家庭、村落及部族等三個層次的群體，或者另一民族具有家庭、氏族、部落、邦國等四個層次的群體，而這些群體都是相當有自主性的主權單位，也就是對他們自己的事務有最後處置的決定權，而由於有自主性社群的類別較多，所以其主權的整合與統一就較為不易，因此這一類的民族經常要利用一個有最後主宰的大神來統合這不同層次的群體，藉著對神的信仰與崇敬來使有相當自主性的群體團結起來。從這觀點而言，我們也照樣可以說，超自然存在是一神的或多神的實際是不甚重要的問題，重要的是不同的民族如何藉神的存在以整合其社群關係。換而言之，神靈的形式是隨著社會形態而變化的，其相互間密切的關係不但是互相反映，而且是互相依存的。

四

下面我們可以再討論另一種甚為普遍的超自然觀念——輪迴轉世的觀念。輪迴轉世的觀念並非佛教所特有，在世界上尚有一打以上不受佛教影響的民族也有各種不同形式的轉世再生的信仰。史璜生認為轉世的信仰可能與孤立的小型社區生活有關，同時也可能與嚴格的階級隔離制度有關。史璜生認為在以親屬組織為基礎的社會裡，因為要延續世系族群，所以發展出祖靈崇拜的信仰，在祖靈崇拜的社會裡，每一個人在世系裡的地位都不會因死亡而失去，過世的人都藉著祖靈崇拜而繼續在自己的親屬群體中發生作用。相類似的，一個以孤立小型社區為基本生活單位的民族，其每一個成員的個性、地位、能力、知識甚至於「音容」都有重要的意義的，因為社區範圍太小，人際關係極密切，因此不容許任何成員的失去，也就因為這關係，一種死後以原有形態再生的觀念就易於產生。同樣的，在階級制度極嚴格如印度的社會裡，雖然社區的範圍經常是相當大的，但是社區內不同階級的關係卻是隔絕的，其內部成員的關係實有如小社區成員的關係一樣，因此成員的地位就不易代替，也就鼓勵促

表二：再生觀念與聚落單位的關係

項目		聚落單位大小			
		核心家庭	孤立小社區	村落	城鎮
再生觀念	有	0	9	3	1
	無	3	8	19	7
總計		3	17	22	8
出現百分比		0	53%	14%	13%

相關係數＝0.52 P＜0.01

成再世觀念的形成，後來更由於積德觀念的作用，使輪迴轉世的信仰變為更複雜了。

史璜生對再生觀念的理論如證之於泛文化的資料，也顯示出相當有意義的結果。表二列出史氏的比較資料（Swanson, 1960:114）。

從統計學的立場而論，表二所示兩組變項的關係確有其重要相關，但如再加解釋，其關係將更為清楚。表二左方第一欄所指是以核心家庭為獨立的居住單位，這一類民族世界上只有三個例子，因其聚落範圍即一個家庭，而核心家庭延續性極暫短，因此再生的觀念就不必在這樣的社會裡產生。在另一方面，聚落單位如大到村落甚至城鎮，那麼成員就極眾多而複雜，單獨成員地位的重要性就降低而可以由任何人所代替，因此只有在孤立的小社區中，成員的地位與特性才有個別的重要性，也就促成再生觀念的發展，以免社區的維持與整合發生危機。但在表二所列，十七個以孤立小社區為聚落單位的民族中，雖有九個民族有再生的觀念，另有八個民族沒有再生觀念的存在，其不出現的比例仍甚大。根據史積生的解釋，在八個沒有再生觀念的民族中，其中有六個民族其聚落單位即是最基本親屬群，因此趨向於祖靈觀念的發展，而不見再生觀念的存在，這也是很明顯而合理的解釋。換而言之，我們一般所說的再生、輪迴、轉世等等觀念，雖然迷惑了很多人，有人甚至仍在大力宣傳作為其「靈學」的基礎，很多仍然徘徊於將信將疑之間。其實從上面的研究看來，很明顯的，再生、轉世等觀念和其他超自然的觀念一樣，大都是社會生活的產物，也因社會形態的變異而出現或隱滅，瞭解了這一關係之後，「再生」、「轉世」是否為真實的現象實在不必再費心去探問了。

五

史積生在他「神的誕生」一書中另一重要的研究是有關巫術的問題。史氏認為巫術的出現，特別是害人的黑巫術或邪術（witchraft）多半是用來幫助無法以正常方法解決人際關係的困難，社會中無法以認可的方法解決的人際糾紛經常只有偷偷地用巫術的辦法來解決，例如一位妻子知道丈夫迷上風塵女，或者一位女孩知道男友愛上別的女人，這都是無法用公開的或律法的辦法來解決的，因此她們只有找巫師做「扣」以求丈夫或男友回心轉意。一個社會中如這一類未能用正常方法解決的糾紛愈多，則巫術愈流行。史氏把它證之於泛文化比較，所得結果如表三（Swanson, 1961:147）。

表三所列是照史氏原表稍加修正，其結果更為清楚，在十八個出現無法以正常方法解

表三：巫術與人際糾紛的關係

項目	無法以正常方法解決之人際糾紛		
	無	有	計
巫術出現頻率	1	17	18
	9	1	10
計	10	18	28

決人際糾紛之民族中，有十七個民族有高頻率的巫術流行，相反的在另一類社會中，其人際糾紛都能以正常方法解決，在十個民族中，只有一個巫術流行的頻率較高，由此可見巫術的出現也是一種特殊社會生活的後果。另一位學者懷亭夫人（Beatrice Whiting）對巫術的研究也有很相似的結果，懷亭夫人認為在一個社會裡假如律法或權威對行為制裁的力量較強，則巫術出現的可能較小，反之，如行為規範或制裁的力量不強，則巫術出現的可能性就大，因為巫術的存在實際上也是使人不敢超越行為規範的一種方式。懷亭夫人用泛文化資料證明其想法列如表四（Whiting, 1950:90）。表四所示的結果正可與表三相配合，所謂無嚴格社會制裁亦正表示無法以正常合法的方法解決糾紛，因此都要藉巫術的力量以獲得解決。如表中所列，十七個無嚴格社會制裁的民族中，有十五個是巫術很流行而有重要的社會功能，反之則九個民族中只有一個是著重於巫術的施行，其他八個民族中巫術均不佔重要地位。

在此應再說明的是我們在第二節中也已論及巫術性儀式起

表四：巫術與社會制裁的關係

巫術在社會中的地位	無嚴格社會制裁	有嚴格社會制裁	計
重要	15	1	16
不重要	2	8	10
計	17	9	26

R＝0.92 （reliable at 0.87）

源的問題，是否前文所說的巫術性儀式是由於早期兒童教養方法依賴訓練較鬆懈之故，與本節所說巫術為補社會制裁規範之不足的論點有矛盾之處。實際上這二者之間並無衝突，且有互相補足之效。由於兒童教育訓練方法所引起的巫術性儀式趨向，也許可以稱為「發生之因」，而補足社會制裁之缺，則可稱為「持續之因」。一種社會制度或文化因素的存因，一方面有其「發生之因」，另一方面也經常也有其「持續之因」，發生之因有時不需要有持續之因即可使制度存在，但是發生之因如再有持續之因的支持，則其制度之存在於社會中將更強固持久而有重要社會意義。

六

在宗教信仰的領域裡有一項普遍的觀念，那就是與神靈有關的都是聖潔的，而與之相對的則是褻瀆、污穢、不潔淨，因而是禁忌的。聖潔與污穢的相對觀念到底代表什麼意思，為什麼神靈的領域就是聖潔的呢？為什麼會有污穢、不潔淨以及禁忌的觀念產生呢？人類生活的領域裡真的有這種不同範疇的存在嗎？要回答這些問題，我們不妨先以基督教舊約聖經的例子來說明。

舊約聖經利未記（Leviticus）第十一章有一段這樣的話：

第十一章　耶和華對摩西亞倫說、你們曉諭以色列人說、在地上一切走獸中可喫的、乃是這些凡蹄分兩瓣、倒嚼的走獸、你們都可以喫。但那倒嚼、或分蹄之中不可喫的、乃是駱駝、因為倒嚼不分蹄、就與你們不潔淨。沙番、因為倒嚼不分蹄、就與你們不潔淨。兔子、因為倒嚼不分蹄、就與你們不潔淨。猪、因為蹄分兩瓣、卻不倒嚼、就與你們不潔淨。這些獸的肉、你們不可喫、死的你們不可摸、都與你們不潔淨。水中可喫的、乃是這些凡在水裡、海裡、河裡、有翅、有鱗的、都可以喫。凡在海裡、河裡、並一切水裡游動的活物、無翅、無鱗的、你們都當以為可憎。這些無翅無鱗以為可憎的、你們不可喫他的肉、死的也當以為可憎。凡水裡無翅無鱗的、你們都當以為可憎。

為什麼古代的猶太人認為駱駝、兔子、沙番（獾的一種）和猪是不潔淨、可憎的因而禁食之呢？古來的解釋從道德、衛生、美感與本能等方面著手，實際上都不能觸及問題的重心。假如要瞭解猶太人對動物的禁忌，應該把利未記十一章全章作整體的認識，才能把猶太人禁忌的觀念弄清楚。首先提出這樣的解釋的是英國著名的女人類學家陶葛拉絲（Mary Douglas）。陶氏在她的名著「聖潔與危險」（Purity and Danger, 1966）一書中曾對聖經中所描述以色列人的這種食物禁忌有精彩的分析。陶氏認為假如你細讀利未記十一章全章，你就會發現古代的以色列人對動物界有其分類標準：陸上的走獸應該具有分蹄與倒嚼（也就是現代所說的反芻）兩特性，缺其一不可。水裡魚類則必須有翅（鰭）有鱗，空中的飛鳥則須兩足而具有翅膀者，凡不合此一類標準者，或者兩者僅具其一之動物，都被認為是不潔淨而可憎的。駱駝與獾的足蹄都是不分趾的，但都是反芻；兔子嚼草甚慢，古代以色列人誤認牠們與牛羊一樣是反芻的，但是兔子的蹄卻不分趾；至於猪，則是分趾而不反芻，因此這四種動物都不合走獸的標準，而且是一種模稜兩可、曖昧、不能歸類的東西，猶太人也就認為是不潔淨不可吃的。從這裡我們可以很明白地看出，古代以色列人憎恨那些不合標準、不能歸類的動物，而認為那是不潔淨的，因此是禁止食用它。換而言之，以色列人對宇宙萬物的存在都認為是井井有條的，都是有一定的標準與秩序的，凡是不合乎秩序的即是違反神聖的原則，因此也就是可憎的、不潔淨的，必須禁忌的。從這觀念而論，古代以色列人所認為不清潔的就是不合他們所有的一套對宇宙認知分類的秩序，因此其所有的聖潔、污穢、褻瀆的觀念，實際上僅是他們認知過程的產物，這也正是陶葛拉絲所要說明的問題重心所在（Douglas, 1966:41-57）。

上述這種因認知過程而產生的現象並非僅為以色列所特有，而是在很多民族中都常見的。陶葛拉絲女士在描述非洲土著雷雷族（Lele）的儀式生活時，更把這種觀念分析的淋漓盡致。雷雷族人的宗教儀式生活中有一種佔很重要的動物，那就是食蟻穿山甲

（pangolin）。雷雷人平時說這種食蟻獸極為神聖，絕不可打殺，更不能吃它，只在由生育有一對子女以上的人所組成的「穿山甲祭團」（pangolin cult group）作祭時，才可以殺它並在祭團成員中分食，並認為這樣可以使他們的打獵多得野獸，也可以使他們的婦女多生子女（Douglas, 1975:27-46）。為什麼雷雷人視穿山甲為神獸並在祭儀中佔重要角色呢？這仍然要用分類系統的觀念來說明，才能瞭解其真正的意義。

雷雷人和猶太人一樣把動物分為陸、水、空三界，陸地的動物又可分為食肉獸與食草獸兩類，前者有毛有爪，後者有皮有蹄。水裡的魚類則有鱗有鰭，天上的飛鳥則有翅與雙足。在雷雷人這樣的分類中，食蟻穿山甲很顯然是一種曖昧兩可而不能歸類的動物，它的身體像魚且有鱗（穿山甲有極厚的鱗甲），但具有四隻腳而且能爬樹，所以穿山甲是魚與獸之間的動物。不但如此，穿山甲在另一特徵上又使它介乎人與獸之間，穿山甲不像其他動物是多胎的，而是像人一樣是單胎的。穿山甲不像其他野獸遇到人就逃避，而是有點害羞地把身體捲曲起來。由於具有這麼多特性，就使穿山甲在雷雷人心目中成為最特殊的動物，雷雷人不但像以色列人把這種不能分類的動物列為禁忌，而且更進一步利用它是跨有人與獸兩類之間的特性，用它作為象徵人與超自然之間溝通的媒介，就在這種情形下穿山甲成為雷雷人禁忌的對象但同時又是神聖的代表，在這裡我們可以看到禁忌與神聖只隔著一層單薄的紙，它們實是一體的兩面。

七

宗教信仰的基本觀念與認知及分類系統有密切關聯，也可以從另一種最古老的宗教制度——圖騰信仰中看出來。所謂圖騰信仰是一個社會中的許多不同的群體各自認定一種動物或植物作為其代表，各群體的成員對於代表他們的圖騰都經常有認同感，不但認為自己是圖騰的子孫，而且覺得自己也具有該動物的各種特質，因此圖騰的成員對圖騰懷有一種特殊的感情，並進而產生崇拜以及禁忌殺戮或觸摸的心理。圖騰的成員既一方面認定自己具有圖騰特性，一方面又對圖騰有禁忌敬避之情，這兩種心理混合的延伸，就產生同圖騰的男女不得婚配的現象，這也就是「外婚制度」產生的由來。但是信仰圖騰的民族為什麼要選擇自然界的東西來代表自己的群體呢？對這一問題古來研究者有不少各種不同的解釋，但目前大部份的人類學家都承認法國結構學派大師李維斯陀（Claude Lévi-Strauss）的說法最接近事實的真象。李維斯陀認為一個社會中的許多群體之所以選擇不同動植物為代表並加以崇拜，這只是借用自然界明顯不相統屬的種別來分別人類社會的群體。人類社會在較原始的時代生產水準甚低，分工極簡單，無法以各種職業或其他社會文化標準來分別不同的群體，因此只有借用自然界的現象來分別，否則各群體之間將混而為一，無法分別，李維斯陀稱這種分類的方法為借用「自然模型」（natural model）來分別人群的方法。用自然模來分類人群的方法很有效，因為各生物群之間是絕然分切的，因此各群體也變成各不相屬的生物種屬一樣。各群體既認為自己是一種生物群體，但是他們又因「外婚」的制度不得不向別的群體娶得女人以延續種族，在這裡他們似乎又採用李維斯陀所說的「文化模型」（cultural model）來看女人，否則不同種屬的生物群怎能婚配呢？從這種現象而論，李維斯陀認為人類社會的思維與認知一直在「自然模」與「文化模」兩者之間交互應用，以作為其分類活動的基本模式（Claude Lévi-Strauss, 1963:1-11）。

李維斯陀認為「自然模」與「文化模」的交替作用不但見於原始民族的圖騰信仰中，而且也是許多較文明民族社會生活的基石，李維斯陀用印度人的階級社會來說明這一論點。李維斯陀認為印度的傳統階級社會實際上是利用文化的產物來分別人群的方法，印度的階級經常與職業有密切的關連性，不但上層的階級分別代表教士、官吏、士人等等，而且較低的階級也各有其階級的專業如鞋匠、金匠、陶匠、理髮匠、皮匠等等的再區分。這是因為社會分工發展已很複雜，所以不必像圖騰民族一樣要借用「自然模」的自然現象來分別人群，只要各分工職業群就可以分別不同的人群，所以這是李維斯陀所說的以「文化模」來分別人群。可是以「文化模」來分別人群的階級社會雖在貨物上與不同群體進行交換，卻認定婚姻關係必須在同一階級內進行，不同的階級不得通婚，這就是一般所說的「內婚制」。在這裡我們可以照李維斯陀的話來說，階級社會的人認定不同階級的女人不能交換，是因為他們認定不同階級的女人幾乎是不同的生物種屬，所以不能通婚，否則為什麼不可婚配呢？在這裡我們

表五：自然模與文化模的交替

社會類別	群體分類	婚姻交換
圖騰社會	自然模	文化模
階級社會	文化模	自然模

可以說他們已是用「自然模」來分別不同階級的女人了，因此李維斯陀所說的「自然模」「文化模」交替作用也出現於較文明的印度階級社會，只是其交替的次序與圖騰社會相反罷了（Lévi-Strauss 上引書）。李維斯陀所說的「自然模」與「文化模」在圖騰社會與階級社會交替作用的情形，可以用表五再加說明。

關於階級社會中自然模與文化模交替作用的情況，也許有人要說這兩個模型在階級社會交替作用的範疇似已全部脫離宗教信仰的領域，而只存在於社會生活的層面上了。這種說法在某一程度上似是正確的，但在另一程度上也未必盡然。印度的階級在表面上是社會結構的基礎，但這基礎的內含卻與宗教信仰有不可分的關連，就如另一位象徵人類學家杜蒙（Louis Dumont, 1970）所說的，印度階級制度最重要象徵意義所在的是「潔淨」（purity），把分類系統與潔淨的觀念放在一起，使我們不能不又回想到以色列人對食物禁忌的例子上去了。

論述認知過程與超自然信仰間的關係至此，我們彷彿已體會到，人類文化生活的歷程是一體性的，研究者為了研究的方便，也許可以把文化體系的許多成份如宗教、社會、政治、經濟分別處理，但是這些成份總是文化體系的一部份，看來有各別存在的意義，可是在較深層次的分析，其互相間的關係，卻是密不可分的，就像前文我們所探討的，原來是屬於社會生活的範疇，卻有賴信仰的觀點去解釋，而屬於宗教範疇的種種現象，假如不經由社會體制的表現，也可能失去其真正的意義。

八

上文我們分別從兒童教養與性格形成的層次，社會結構與組織形態的層次，以及認知過程與分類系統的層次來探討人類宗教信仰的出現與存在。從上面所舉的這些例證中，我們很清楚地看出這三個層次的因素如何交互作用而產生宗教或超自然信仰的形態。由於這三個層次因素的交互作用，所以使人類的宗教信仰有其遍存的因素，但也因此而產生了光怪陸離的歧異現象，由於這三個層次因素的共同存在，所以使人類的宗教現象成為那樣複雜而有時到不可理解的地步。

研究宗教行為的人類學家們，經常認為宗教存在於人類社會有三種基本的功能，那就是生存的功能、整合的功能與認知的功能。所謂生存的功能是指宗教的信仰彌補安慰人類在與自然奮鬪以求生存過程中所產生的挫折與憂慮心理，假如沒有宗教的安慰與寄託，人類社會的生存將面臨很大的困難。所謂整合的功能就是指藉宗教的信仰，人類社群生活得更為和諧完滿。所謂認知的功能是指宗教信仰維持人類認知過程的持續發展。人類對自己的存在、對社會的存在、對自然與宇宙的存在都有一定的假設與判斷，但是這種假設與判斷都未必與客觀的存在完全符合，當人類的心靈受到不符合或「反常」的現象威脅之時，並可利用宗教儀式來控制，以維持觀念體系的和諧，也就等於對人性、文化的維護。這三種宗教行為的基本功能實際上與前文所論心理、社會與認知的三種宗教產生的因素正相符合。人類宗教信仰的發展，也許在某一段時期，或者在某一民族中，某一因素佔較重要的地位，因此其發揮的功能就較明顯；也許三種因素都佔同等地位的重要性，因此就共同發揮三種功能。對人類學家而言，把宗教信仰的研究擴大到全人類不同種族文化的領域中以找尋其同與異，進而瞭解宗教信仰的產生、存在、持續與發揮功能都有其文化的因果脈絡，那麼在這種情形下，神的存在與否已經不是重要的問題了。

（原載思典雙月刊十五卷六期，民國六十七年三月）

參考書目

Doug1as, Mary

1966 *Purity and Danger: an analysis of concepts of pollution and taboo*, London: Rout1ege & Kegan Pau1.

1975 Animal in Lele Religious Symbolism, in: *Implicit Meaning*, Lohdon: Rout1ege & Kegan Paul.

Dumont, Louis

1970 *Homo Hierarchicus: an essay on the caste system* Chicago: Uniu. of Chicago Press.

Lévi-Strauss, Claude

1963 The Bear and the Barber, *The Journal of the Royal of the Royal Institute*, Vo1. 93, Part 1.

Spiro, Melford and Ray D’ andrade

1958 A cross-cultural Study of some supernatural beliefs, *American Anthropologist,* Vo1. 60.

Swanson, Guy

1960 *The Birth of the Gods*, Ann Arbor: University of Michigan Press.

Whiting, Beatrice

1950 *Paiute Sorcery,* Viking Fund Publication in Anthropology, No. 15, New York.

宗教與迷信

一、引言

最近臺北縣新店鎮有一間稱為「尚義堂」的違章建築小廟，因供奉戰時陣亡的日本人為神而引起社會人士的非議，本年九月一日據報章之報導，臺北縣政府指派新店鎮公所民政課長前往調查糾正，但管理人士卻事先製好中國式袍掛，穿在日本神像身上，使之「歸化」了，企圖蒙混調查人的耳目，這實在是一個可笑的鬧劇！今年在本省發生與宗教有關的怪異事件似乎特別多，三月初有南投縣松柏坑受天宮三個童乩因「坐禁」而悶死的事件；再早一點則有一貫道的主持人因暗地裡「封王拜相」被破獲，一時社會公眾議論紛紛，報章雜誌也不斷著論指責。臺北有兩家一向態度嚴肅的雜誌社並舉行專題座談或筆談，討論宗教與迷信對社會的功過。的確的，近年來本省所發生的許多與宗教信仰有關的特殊事件，不但引起一般社會人士的注意，而且也成為研究社會文化的人所關心及憂慮的問題。在今年之前，臺東一帶有稱為「守望臺」的一個基督教派，因宣傳信基督教不可向國旗行禮、也不可服兵役，而引起一連串的事件發生；更早些時，還有人集數萬教徒舉行佈道大會，以為佈道就可以救中國，甚而可以解決我們面臨的所有問題；在幾年前，又有「統一教」的事件，在大學中引起很大的爭論；此外我們也常聽說在行政機關裡也充滿了迷信心態，例如新官上任，他的房間座位一定要挑一個最合適的方向，要重新安排桌子使成為「靠山面水」的樣子，以為這樣是好風水才可以升官騰達；某市長上任之時，要把市政府門前的噴水池改變一下方向，以免帶來霉運。至於民間所發生的「神棍」騙財騙色的事則更是層出不窮，時有所聞。

上面舉出的這些例子，都是因報紙的報導而為社會所熟知的，可是還有一些較少為人注意，但可能更嚴重的事出現過。例如在「中國論壇」的一次宗教與迷信座談會上（見該刊第四卷第四期），著名的佛學教授張曼濤博士曾報導一件事：「從前有一位在臺某大學教過書，現在日本一所大學擔任中國語言的教授，曾和臺北某報的負責人，連袂在日本大肆宣傳扶乩，說扶乩是如何了不起，如何的可信可靠。最近這位教授因聽說臺中有一位姓盧的年青人，寫了很多本靈魂的書而轟動一時，所以特地到臺中去拜訪他。這位盧先生一看對方一聽姓名，知道來者是個知識份子，便立刻假裝說：『神昨晚告訴我，要我等待你來，給你一個使命，你就是我盧某人的駐日代理。』這位教授聽了之後馬上跪下來，認為神真是偉大。這位姓盧的就這樣把他搞得糊里糊塗，昏頭轉向，回到日本之後，他每天就宣傳這位姓盧的是如何了不起，如何是神的化身、神的使者再世了」。這位姓盧的「靈學者」到底是怎樣一回事，在同一座談會上，心理學者吳英璋先生也說到他的「事跡」：「二月裡吳先生在精神病院看到一個患者，他是看了姓盧的一本書後，就按照書上所講的東西也去買了一個，也按照書上講的方法把這東西放在床頭，每一進來就行跪拜之禮。兩三天後，他的家人發覺他有點奇怪，再過一天，這個人失蹤了。當他家人找到他而送去醫院，醫生診斷的結果是反應性精神分裂症。經醫師治療不久，他的病漸好了，他才說出如何照盧某的話去做，最後也能看到鬼、看到神，但終於迷失自己而成為精神分裂患者」。這確是非常可怕的事，但是據說盧某人的書已出版六、七本，並且不斷再版，很受到各階層人士的歡迎！

還有一次，有一位在我「原始宗教」課上的同學，很氣憤地跑來告訴我，說是他的一個韓國僑生同學，原是一位得過小兒麻痺症而不良於行的殘疾者，曾被一位傳教士拉去佈道會裡做見證，硬要他在會裡說明他的殘疾在禱告後已大有起色。原來那一位佈道家佈道時宣布他每晚可以為一種痼疾做禱告，凡經他禱告者都可霍然而癒。那位僑生當時被勉強拉上臺作「偽證」，後來回到宿舍竟難過得哭了。我的那位同學知道了全部實情，所以很氣憤地跑來問我這「宗教行為」的教授：「宗教是不是都是這樣騙人害人的？假如宗教都是這樣騙人害人的，它對社會有些什麼正面的功能？假如宗教對社會仍有些裨益之處，那麼合理的宗教信仰與不合理的迷信分別在那裡」？我想這位同學所發問的，也正是我們在這裡企圖找到若干答案的問題。

二、宗教與迷信的分野

上節所舉的那些引起社會憂慮與懷疑的怪異現象，實在說來都是宗教領域中較為不合理而極端的現象，可是問題卻在於那一些算是合理的，那一些算是不屬於極端的現象呢？要回答這一問題，我們不妨先看看有宗教信仰並且相當深入體會或研究的人的話：虔信基督教的清華大學校長張明哲先生在最近的一篇「宗教與現代社會」（新時代，十七卷四期）中曾說：

心病必須用宗教的心藥醫，這並不是等於說，所有的宗教都是好的心藥。世上各種宗教，五花八門，種類極多，異端邪說，尤為充斥。……（但）什麼是正信的宗教呢？第一，必須是理信而非迷信，必須有極高的理論基礎與至高無上的目標。好的宗教經得起最嚴格的理智考驗，絕對不可用愚民政策。因是出於理智，所以不會走入迷邪道途。好的宗教兼容上智與下愚，雖是世上最聰明的人也不能窮竟其理論之深奧。

佛學博士張曼濤教授在上述的宗教討論會中也說過一段這樣的話：

神是宗教信仰者一個最完美的崇拜對象，這個完美，我們也不妨說就是人格一個最崇高嚮往的目標。……（所以）僅就神的含意來說，不論是基督教的傳教師還是神學家，他們在解釋神的意義時大都不會帶任何迷信的，而是至善高超的。以佛教來說，信仰釋迦牟尼，釋迦牟尼本身並無迷信，他的行為，他的言教，足為萬世師表，也足為後人永世效法。但信仰的對象不迷信，信者本身卻難免會自作迷信。比如一個佛教徒，釋迦明明揭示他，不要將佛看作是神，可以賜福，可以赦罪；佛只是一個覺悟者，他以他的覺悟來覺悟後人，要後人憑自己的智慧和努力開闢自己的大道來完成自己。可是信仰的人卻不如此，他們把釋迦牟尼神化，把佛視作宇宙的主宰……求什麼就會給什麼，可以賜恩，可以赦罪；需要發財的時候，爬在地上磕頭、燒香，就以為可以得到賜福了，明天就可以中愛國獎券了！這種心理試問是不是迷信，然而這種迷信，我們能歸諸於釋迦牟尼嗎？能歸諸於佛教嗎？……對信仰對象的內容與偉大並不去學習與求知，只是將信仰對象神格化，想像祂是一個萬能者，能為自己賜福一切，此種為私慾的求助於神，便是迷信產生的基本動力。

二位張先生用「理信」和「完美目標」的標準來分別什麼是合理與不合理的信仰，或者更明白地說，什麼是宗教與迷信的差別，可以說是相當清楚了。可是從另一方面來說，他們的說法仍有不足之處，因為他們所說的「理信」與「完美目標」是宗教存在的一種重要因素，但並不是惟一的因素。一般來說，宗教之存在於人類社會大致有三種重要的功能，那就是生存的功能、整合的功能與認知的功能。二位張先生所着重的可以說是屬於認知功能的一面，這雖是最崇高的一面，但卻太偏於哲理了，對一般大眾來說，生存的與整合的功能也是不可忽略的。

人類在求生存的過程中，經常因技術的欠缺、經驗的不足而產生種種困難與挫折，例如天災、人禍、疾病、傷亡等等。在面臨這種種困難與挫折之時，宗教都能適時給予人類某種助力，使人類得以有信心奮鬥生存下去。如五穀歉收之時，人們就舉行儀式以求豐收；久旱不雨之時，舉行儀式以祈雨；瘟疫流行時，就祭瘟神；車禍頻仍時就祭土地，這些可以說是宗教出現最早的根源，也就是產生使人類得以在技藝經驗不足的狀態下增強其信心而生存下去的功能。在另一方面，由於人類是社會動物，必須集群而居，宗教的存在發揮了整合群體、鞏固社會規範的功能，也是人類社會生活得以維持相當重要的一面。當然，隨著人類社會文化的進步與知識的普遍，宗教的生存與整合的功能，就逐漸因科學技術的發達以及制度與律法的完備而減退其重要性，而此時，宗教的第三種功能，也就是作為完美目標的象徵、體認人生意義的憑藉才變為較重要的地位。

但是，文化傳統的形成，特別是宗教儀式的存在，經常有很強的持續力；前一代的儀式行為即使在工藝知識已大為進步的後一代裡，仍然常常持續而殘存著，或者是以舊形式而供新作用，或者殘存於社會的某一特殊階層之中。所以，從文化發展史的立場而論，僅僅從「理信」或「完美目標」的標準來分辨宗教與迷信，很顯然欠缺歷史透視的觀點。何況，現代的科學技術也並不是完全能解決人生種種難題，而現代的科技以及與之配合的社會制度和人際關係，卻又產生更多更複雜的難題與困境；現代科技的複雜性與專門性，也使社會不同的階層在知識的獲得上產生很大的差距，因此我們怎能把生存的或整合的功能佔比例較重的宗教就認定是迷信。我們要論宗教與迷信的分野固然可以用「理信」的標準來作為一個衡量的尺寸，但是也不能忽略了歷史與社會發展因素所產生的作用。下文對目前臺灣宗教現象所作的概略分析，正是從文化史與社會生態的觀點而出發的。

三、寺廟知多少

本省寺廟太多一直是為社會所詬病的一種宗教現象。但是臺灣全省寺廟的總數究竟有多少？是什麼原因會有這麼多的寺廟呢？這是我們首先應該探討的問題。

民國二十九年（1940）時日本人調查全臺寺廟共有三，四九五座（臺灣總督府寺廟臺帳調查，見臺灣宗教沿革志）。二十年後，民國四十九年劉枝萬先生在臺灣省文獻委員會主持的臺灣寺廟調查共列有寺廟三，八三五座，較日據時期增加了三百多座。最近據報載臺北市的寺廟包括登記與未登記者共有四百四十七座，此外尚有不少神壇未計算在內。臺灣省現已登記的寺廟則有七，一二八座，自然也有不少私人神壇未包括在內，所以臺灣省文獻委員會主任委員林衡道先生所估計，目前臺灣地區的寺廟總數約在九千座以上應是相近的數目（見臺灣寺廟大全）。換言之，十七年來，臺灣全島寺廟的數目已增加一倍以上了。

最近有人就上述寺廟的數目作一計算，算出目前在臺灣每一千八百人，或每十四平方公里就有一座廟宇，並舉泰國每二，三七〇人或每二十七平方公里有一廟的數字作比較，藉以說明台灣寺廟眾多的情形。其實這一計算並不十分客觀，假如真的要算比例數，也許應該把全臺一，三四五座天主教會堂以及數近一千七百的基督教堂都計算在內才合理。因為從研究社會文化的立場而論，不論固有的或外來的宗教都屬同一範疇，似不能有差別的待遇。但本節僅擬就傳統宗教寺廟加以分析，有關外來宗教部份留在第六節討論，故暫未將三千多座教堂當作同一類宗教團體計算在內。

根據前引劉著「臺灣寺廟調查表」的記載，在三，八三四座寺廟中所供奉的「主神」共有二百四十七種之多，但在這二百四十七種神之中真正普遍被奉祀的並不太多，其中有二十座以上寺廟供奉的神有二十九種，而有廟超過一百以上者僅有九種。這九種有廟百座以上的神分別是：

(1)王爺（717廟）　(2)觀音（441廟）
(3)媽祖（383廟）　(4)土地公（327廟）
(5)釋迦牟尼（306廟）　(6)玄天上帝（266廟）
(7)關公（192廟）　(8)保生大帝（140廟）
(9)三山國王（124廟）　共計2896座，佔全體75.53%。

為什麼這九種神會這樣普遍被奉祀呢？假如我們從臺灣漢人移殖史的觀點去瞭解，就會覺得這是十分自然的事。台灣漢人從福建廣東兩省移來，在移民的過程中大致可包括四個步驟：渡海、開拓、定居與發展，這四個步驟也可以說是移民的四個時期，而在每一時期中移殖的先民都藉一種神的力量為象徵以完成其艱辛的工作。

在渡海飄洋而來之時，移民們的航海技術尚屬幼稚，也沒有氣象預報的設備，何況臺灣海峽水流湍急，颱風又極頻仍，所以他們都隨船供奉與海洋有關的神，如媽祖與玄天上帝（北極星神，作為航海指標），以求平安渡臺。到了臺灣之後，他們就把隨船而來的神像供祀廟中，這就是臺灣媽祖神最興盛的原因，也是較不為人所熟知的玄天上帝廟竟居第六位的原因。

在渡過海峽來到臺灣開拓之初，首先面臨最大的問題是瘴厲瘟疫的肆虐。在移民開拓的社會裡，不要說沒有醫生跟隨而來，即使醫藥也極缺乏，所以只有藉奉祀瘟神以安定恐懼心理，這就是「王爺神」之所以高佔首位的原因。王爺原是閩南人的神，有驅瘟疫的力量。拜瘟神時常見有紙糊或木製的王爺船，在祭典後燒掉或送出海，就是把瘟厲驅送出境的意思。王爺在神格上遠較媽祖等神為低，且其廟宇亦小，所以為數佔最多，但無論如何是代表移民初期開拓之神則甚清楚。

在渡過險惡的海峽並避去開拓初期的瘟疫之難後，移殖的先民開始定居下來。但是定居下來之後問題又陸續出現了，首先是防備高山族的攻擊，其後又要與不同移民群體競爭土地（所謂漳、泉、客的械鬪），最後且要組織不同群體以建造大規模的灌漑系統。要解決這三個陸續出現的問題，主要的方法是組成堅強的社群團體。可是早期的移民都是零星渡臺，很少有舉族而遷的，所以他們無法利用固有的宗族或氏族以達成目的，只好藉同鄉同村的關係作為組織的根據，而原來同一區域所共同供奉的神就很自然地被用作團結整合的象徵，這是居第八及第九位的保生大帝（泉州人供奉）、三山國王（客家人供奉）等神盛行的原因；而上述閩南人所奉祀的王爺也同樣地在瘟神之外加上地方神的作用。同時，也應該是在這時候，土地公跟著普遍地奉祀於各個農村之中，而成為土地與五穀之神。

在定居建立田地並發展水利之後，移殖的社會逐步穩定下來，人口跟著逐年增加，城鎮市集也就逐漸出現，而隨之而來的就是商業交易的頻繁，到這時候一個正常而發展的社會於焉建立了。在定居而形成逐步發展的社會之後，人際間的關係，特別是在商業性的相互交往之間，亟需一種講信用義氣的象徵作為行為的標準，此時關公的崇拜就因之而出現。關公原是一位武神，但是因為三國演義小說的影響，就被崇拜為講信義的象徵，尤其在商人階層的社會裡最為普遍供奉。近年來較大城市裡「恩主公」廟的堂皇與興盛，正代表著這一趨勢的發展。關公的轉變成為商業神，其本身就是一件有趣的現象；但更重要的是，這種「神職」的轉換卻代表一種極為普遍的臺灣民間信仰的現象，這也是我們在下文所要加以引申的論點。

從上面四個移民史發展步驟的分析，我們可以明白為什麼媽祖、玄天上帝、王爺、保生大帝、三山國王、土地及關公（除去二個佛教神觀音與釋迦之外）等神會成為臺灣民間最普遍崇奉的神明。由於這種歷史淵源，不但使其信仰深入民間，而且經過數百年歷史至今仍然興盛不衰，不但興盛不衰並且經常轉換其原有功能，而加上一些「現代化」的職務後更加普遍起來。這種「舊瓶換新酒」的現象，一方面可以看出其歷史淵源的深厚，一方面又可從下列幾種原因去瞭解它：

日據時期日本人為了實現其「皇民化」的政策，曾逐步禁止我國民間神祇的崇拜，而推行日本的神道教。但傳統信仰由於歷史的淵源在民間牢不可破，所以在光復之後，就像一種受約束而忽然解除的力量，廟宇就如雨後春筍般不斷建立。再加以後來經濟的繁榮進步，也就有更多的財力流於廟宇的建造了。

本省光復三十多年來突然自農業社會轉變為工業社會；工藝技術在很短時間內可以有很大的轉變，但是人際關係社會結構都較難在短期間內立即改變。因此在這種急遽改變的過程中，在個人方面則產生困惑、憂慮與挫折，在社會群體方面則需求重新整合的方法，於是傳統的信仰方式，由於其歷史淵源，就很快而很普遍地被採用，並賦予新的生存的、整合的功能。

宗教的虔信者一般說來都是社會中較特殊的一群，他們經常因各種心理的需要而藉宗教以謀求滿足。毫無疑問的，在本省那些熱衷於傳統民俗信仰的人，大部份都是知識水準較低的一群，有的則是在職業上或其他社會身份上屬於特殊的群體。這些人不但尋求宗教的滿足，而且以傳統宗教為「認同」的手段，同時更由於地方派系的活動，就更容易促使作為宗教活動中心的廟宇無形增多了。

四、童乩、法師與神棍

最近幾個月來童乩作法的新聞一直是社會大眾談論的話題。對於從中國大陸北方來的人特別對童乩的問題感到奇怪和茫然；但對於福建廣東二省的人，尤其是從南洋歸國的華僑，對童乩則司空見慣。這是因為閩粵兩省及南洋一帶，童乩作法也和臺灣一樣地常見。為什麼在閩粵臺三省童乩作法的現象遠較北方各省為多呢？要瞭解這一問題應先對我國道教的派別加以說明。

我國的道教大致分為南北二大派：北方的一派稱為全真教，教義以標榜老君及清靜修行為宗旨，道士多居於道觀或道院修道，不常涉及世俗之事；南方的教派即所謂天師教或正乙教，以符籙呪語為要諦，驅邪押煞辟鬼為秘訣，其間又分為靈寶、老君、瑜珈、閭山、三奶及天師各派，其道士稱司，不一定住於道觀中，常為民眾作法施術。所以北方道士較屬於靈修的教士，南方的道士較偏向於巫師一面。唯南方的道士在大陸各省較有統屬：京師設有道錄司、府有道紀司，縣有道會司以統督道士。但在臺灣道士既不住於道觀，亦不成系統，大都各自為業，於自宅中設壇為人作法，俗稱「司公」，完全是一種私人營業的法術師形式。由於臺灣道士的這種缺乏組織形態並注重於符咒驅鬼法術，遂有與另一派屬於更古老的作法者——法師、童乩等合流的趨勢，甚而助長了法師和童乩的流行，這是臺灣民間盛行各種術法的基本因素。

現在臺灣流行的各種作法者的關係可就左表表示之：

(1)道士
- 紅頭司公——延生法術
- 烏頭司公——度死法術

↕

(2)法師——消災、送煞、收魂等法術

↕

(3)靈媒
- 童乩——替神說話
- 扶乩——在沙盤上寫字傳神意
- 尪姨——尋找亡靈

目前在臺灣鄉間及城市的若干階層中最為流行的是扶乩與童乩的作法。扶乩的作法大部份是團體性的，所以除去有超過宗教活動範圍之外者，引起爭議較少，童乩的作法大都是個別的，其後果所引起的爭議是最受注目的，所以我們特別要對童乩加以討論。

童乩就是替神傳達「諭旨」的人。「乩」是卜問的意思，而在古時候做乩的都是年輕人，所以稱為童乩或乩童。一般相信神可以附在乩童身上並藉他的口說話，這種傳達神諭的靈媒（spirit medium）在世界很多地方都常見到。典型的靈媒出現於東北亞，通稱為「薩滿」（shaman）。臺灣的童乩有男有女，但男性為多，他們崇拜的神很多是神格較低的。

童乩的作法普通分為私人和團體儀式兩類：私人作法是應村民或附近居民的邀請為之治病驅

鬼，也有請求解決疑難、問運途吉凶等等；團體的儀式則是在廟神誕辰或村中賽會時舉行，這時童乩則扮演甚為戲劇性的角色，經常用刀劍或釘球砍擊自己的身體，以致於流血滿身；有些則用鐵筋鑽通兩頰或用刀割舌，更有本事的甚至於爬刀梯、睡釘床等。總之，在團體儀式中童乩藉這些「特技」的表演以顯示其有神力的護守，一方面用以令觀眾信服，另一方面也增加儀式的神異氣氛。

童乩作法時最主要的特徵是進入精神恍惚（trance）的狀態，也就是認為是神附在他身體上了。當童乩進入恍惚之時，求醫的病人就可以開始諮問了。通常問答之時，有一助手在旁協助，特別是在「宣示神諭」時，都經助手「翻譯」。童乩所說的話並非真正不可懂，而是把有意義的話夾在無意義的語頭語尾之間，不懂其竅門的自然需人翻譯了。童乩治病通常最主要的是給病人香灰符咒，有時也開點草藥，同時也解釋致病原因，較複雜的並指示病人回家作各種措施。

童乩作法治病最關鍵的問題是他和他的信徒都相信有神降附在他身上，他所說的話並非他自己的話，而是神藉他的口以示意。從科學的立場而言，童乩作法時的精神現象是一種習慣性的「人格解離」（personality dissociation），而不是真正有神附體。在這一精神狀態下，童乩本人平常的「自我」暫時解離或處於壓制的狀態而不活動，並為另一個「他我」（other self）所代替，這個「他我」就是他熟識的神。在這種精神狀態下他模仿別人的話語，甚至可以說出他平常不懂的話，而且因為感覺遲鈍，所以受到皮肉之傷也不甚感到疼痛。

童乩作法雖不是真正有神附體傳諭，但是找童乩治病解難的人都非常多。筆者於民國六十年在南投縣研究的一個童乩，在一個月之中共有二百二十位病人登門就醫（Li, 1975,1976）。美國華盛頓大學的精神醫師Arthur Kleinman博士前幾年在臺北進行童乩的醫學人類學研究，據他估計臺北一市的童乩約有七百個之多。假如說臺灣省的人口為臺北的八倍，那麼照倍數推算，臺灣全省應有童乩五千個以上。事實上這一數字也許還保守了一點，因為如上文所舉，臺灣省有七千以上的寺廟，一些私人神壇尚未計算在內，通常一廟有一童乩（有的尚不只一個，受天宮在五年前有十五個），如此則童乩總數也應在七千以上。

為什麼童乩會這樣盛行呢？最主要的是童乩在某一程度內確能醫好若干病症。根據Kleinman先生的報告，他在臺北研究時，發現百分九十來找童乩的病人都是屬於輕微疾病、慢性精神疾病或生理心理病症，只有百分十的人是嚴重的生理疾病。Kleinma先生曾抽檢十九個病人研究他們是否因看過童乩後就把病治好了，他發現在病人之中有十七位真正病癒了，有二位沒有治好。而那些治病有效的病人都是輕微疾病、慢性病及精神心理疾病患者，那二位沒有效果的病人則是嚴重的生理病患，由此可以看出童乩治病產生效果的程度及其範圍的一般。

可是為什麼這些用香灰、符咒及草藥為人治病的童乩會在某一程度內治好病人呢？這是一個相當複雜的問題，簡單地說這是一種心理的和社會文化規範的治療。來找童乩的病人就如Kleinman所報導的大都是精神、心理疾病或其他慢性疾病的患者，對這種病人而言他們並不興趣於一般病理，他們只注意為什麼是我生病，而不是別人生病，童乩恰好在這種心理下滿足他們的需要，童乩用傳統社會文化的因素，如祖先牌位或香火無人奉祀、墳墓風水不好、田地承繼錯誤等為病人解釋致病或不幸的原因，並要病人立即採取處置，病人回家後照童乩的話去做種種應做的處置，心理自然解脫很多，病情無疑地跟著改進了。這種治療方式在醫學上稱為社會文化治療（socio-cultural therapy）或民俗精神醫術（ethno-psychiatry），在醫學人類學的領域中目前是十分熱門的研究項目。

平心而言，在傳統的農村裡，童乩對於因人際關係所引起的種種心理生理疾病，以至若干普通病症在某一程度內確能產生教果，即使在現代化的城市之中，對那些知識水準較低的人，童乩對他們的若干疾病仍然有效。因為生理的疾病有很多是與心理有關的，童乩給知識水準低的人以一種心理上的依賴就像知識水準高的人對精神醫師或家庭諮詢顧問的依賴一樣。不過，話又說回來，目前我們所看到的童乩或其他術士，已和過去大有不同。現代的社會一切都已商業化了，一切都變得很現實，從前的童乩只收象徵性的紅包，現在卻變成一種賺錢的手段，從前只是業餘的工作，現在卻專業化了，這種轉變就像武聖關公轉變成商業神一樣，但是其趨勢且朝向危害社會的一方面走，很多人藉此騙財、欺詐，甚而騙色，童乩就成為社會所詬病的神棍了！

五、抽籤、算命與忌諱心態

臺灣目前的宗教狀況不但廟宇眾多、童乩等行法術者泛濫，而到廟宇去燒香、拜菩薩、抽籤、卜卦的人也極多。根據中研院民族學研究所在臺北市郊一個社區的研究，發現該社區有百分之九十三的人都曾經或多或少地到廟裡燒香、問神，而百分之九十一．九九的人認為燒香問神是相當靈驗的（見文崇一等著書），這個比例數不能不說相當大了。但是究竟這些到廟裡問神的人是些什麼樣的人？他們是屬於什麼階層，他們的教育程度如何，他們問神解答的是些什麼問題？這無疑也是很值得多加瞭解的問題。

社會學家蔡文輝先生，曾在臺南三座有名的寺廟研究前往抽籤的人的背景及其原因。他在一星期內共記錄了七〇六個到廟裡抽籤問卜的人，在這七〇六人中，女性比男性多出三倍以上，佔全體的百分之七十七．一。在教育程度方面，小學程度及不識字者佔百分之九十一．三五，而中學程度者僅有百分之四．六五，無一人為大專程度者（未詳者百分之四），由此可見前往抽籤問卜者大都教育知識水準甚低。至於受訪者的年齡則有相當平均的分配，與一般認為拜廟者都是年齡較大的人並不相同。關於求神的原因，如表六（下頁）所示，以問命運和事業兩項最多，若把這兩項與發財一項加起來，則佔全部的一半以上（百分

表六：求神問卜的原因

原因	命運	事業	疾病	婚姻	遷居	考試	發財
百分比	29.46	26.62	17.00	8.21	5.52	3.25	1.55
原因	吉凶	生育	其他	未詳			
百分比	0.84	0.80	5.24	1.51			

表七：若干民俗儀式出現頻率

種類	命卜相	蓋運	安太歲	安斗
百分比	50.65	25.97	48.05	36.36
種類	安土神	收驚	安胎神	
百分比	22.07	67.53	20.78	

之五十七，六三），其他次多的項目是疾病，這四項總和已近百分之七十五，由此可看出一般人心中所關注的是些什麼問題。

在我們最近的一項研究中，更顯示另一種宗教行為的趨勢，那就是有相當比例的人不但求神問卜以解答未知，而且更進一步企圖以超自然的辦法來改變命運或解決困難。我們的研究是在臺北松山區及彰化鹿港鎮分別進行，共訪問了七十七位報導人，研究的一小部份材料初步整理如表七（見許、馬、李報告）。

由表七所示，我們可看出在七十七位受訪者中有一半以上的人做過看命、卜卦看相的事（不包括抽籤在內）。而在這些人中他們不但求神或求超自然預告未知，而且進一步更積極地用超自然的辦法來改變命運。表七中所列蓋運、安太歲、安斗和安土神四種都是民俗信仰中改變命運求平安的特別辦法，在受訪者中有將近一半的人做過「安太歲」，做過「安土神」

的人最少，但也佔百分之二十二。表七最後兩項所列的「收驚」及「安胎神」是兩種傳統與疾病有關的法術，在受訪者中竟然有百分之六十七以上的人做過「收驚」，也有百分之二十以上的人做過安胎神的法術。在我們的受訪者之中，男女約佔各半（男性四十位，女性三十七位）；在教育程度方面則小學程度及不識字者佔最多數即全體的百分之六十八，八三，中學程度者佔百分之二十四，大專程度者僅佔百分之〇，三八而已。

從上述這兩個研究的資料看來，我們似乎可以得到一項結論，那就是趨向傳統宗教信仰的人大都是教育程度或知識水準較低的人。可是這一結論，在某一層次上也許有其真實性，而在另一方面看來，卻又未必如此。就如我們在前言中所說的，我們的社會裡一些知識水準相當高的人仍然有很迷信的舉動，甚至一些行政機構或官員們也還十分迷信風水、命相、摸骨等等。而實際上我們的知識階層社會裡也可以說是充滿了忌諱的心理，比如前些時候一個機構的幾個首長身體同時違和了，就被認為是修繕房屋或其他毫不相關的因素所致。由於這種忌諱的心理就經常使一些應該興革的事無理由地停頓下來，甚而繞很多冤枉路去達成一件事，為了只是諱避一個莫名其妙的迷信。這種充滿忌諱的心理表現在另一方面，可以從心理學家黃光國先生的一段話看得更清楚：

在處理許多新聞事件時，我們的報章雜誌也常常有令人扼腕嘆息的「手筆」出現，最常見的怪論，就是「徵兆」之說，譬如鐵樹開花，雞蛋裡現國徽、濁水溪變清……等等事情，都被列為「祥端」，說是國運昌隆，或世局將有變化的「預兆」。當然，凡我國人，大概沒有不希望「國運昌隆」的，但如果有人膽敢站出來說，國運是不是昌隆，和自然界的變異扯不上關係，那恐怕有一些血氣衝動的豪勇之士就要指著他的鼻子，大罵他是「國民公敵」！其實依我看來，我們的國運是不是昌隆，大部份要看我們是不是努力在建設我們的國家而定，若自己不奮發努力，只想要憑自然界的異象來預卜國運，那是十分荒唐的事！

這就是我們社會忌諱與迷信的心態，即使不相信異象預兆，也不敢反對它。試想在知識階層的社會都是這樣迷信，試想在很多知識份子仍然希望生龍子龍孫的心態下，我們能希望鄉下的非知識份子不去「安太歲」、「收驚」嗎？

六、外來宗教的問題

此地所謂外來宗教是指近代始傳入中國的宗教，除去天主教、基督教之外，尚包括統一教（其實統一教也是基督教的一個地方教派）、巴海教（或稱大同教）、天理教等等。一些外來宗教的較小宗派，在本質上都屬於宗教學上的所謂「復振運動」（revitalization movement）的教派（Wallace, 1956）。因為其本質是「復振」，所以多少是不滿或企圖改革主流派教義的，因而在行動和信仰上經常是激烈或怪異的，並且也就引起社會的不安或困惑。前幾年統一教的事例是最明顯的例子，臺東「守望臺」基督教派也已近乎這一類型。

而那些藉大規模聚會禱告以治百病或引導教徒進入精神顫震或恍惚（trance）的教派，大部份都是屬於這種「復振運動」性質的，這種教派在很多情況下使信徒進入狂熱狀態，因而產生社會的激盪，是最要加以注意的。

目前在臺灣基督教及天主教的教派近八十種（見董方苑文），而教堂總數在民國六十三年底已有三，〇四五座，約為傳統寺廟的三分之一，這一數字似比一般指責臺灣鄉間寺廟太多的人心目中所想像的要多一些。自然，大部份正統的天主教和基督教都屬於「理信」或「靈修」的宗教，因此在絕大多數的情況下都發揮了正常的宗教功能。但是從長遠的、客觀的立場上看，無論是天主教或基督教，他們的排它性都太強了，這不但對中國社會不利，也對他們本身的傳教不利。要知道宗教在中國人的生活中只居小部份的地位，而不像西方一樣支配了生活的全部。中國人的宗教是中國社會結構的投射，不能與中國社會結構調合的宗教就不易為中國人所接受；反之，如與中國社會調合而不排斥的宗教，就容易為中國人所容忍接受，因為中國人對不同的信仰經常是兼容並納的，我們從不為宗教信仰而引起戰爭。中國文化經常能容納外來的宗教並使之發展為更成熟的教義，佛教之被接受與禪宗哲學的發展是一個最好的例子。我個人是在傳統中國文化培養下長大的，我對中國傳統的宗教相當的尊敬，但我對外來的宗教也沒有排斥的觀念，我很樂意看到天主教或基督教轉變成為中國的一部份，而在中國文化的基礎上創造出輝煌的時代。

對於中國的天主教和基督教信徒們，我也希望他們能較虛心地看看和聽聽別人對他們的意見。例如最近有一位心理學家和一位人類學家用客觀的科學方法對臺北的一個教會做了半年以上的研究（研究的是信徒的行為不是宗教本身，所以用科學的方法是合宜的）。他們發現了不少很值得重視的事實，譬如說他們發現該教派的人士對自己教會的人、基督徒、天主教徒、佛教徒、無信仰者好惡的「刻板印象」（stereotype）差別，遠較無信仰者對同類各種教徒態度的差別為大（見瞿海源袁億平文）。換而言之，信教者對不同人群的看法似比無信仰者有較大的偏見，這種態度對全社會及就該教會本身都不是很好的，這似乎值得他們深加警惕。

目前，外來的宗教在臺灣傳教獲得較大成果的是山地，很多山地村幾乎全部村民都信教了，但是教會帶給山胞的是利是弊却很難說。我不能說教會沒有帶給山胞任何好處，但我卻要說出一些教士們沒想到或不願去想的弊端。譬如說現在很多山地村中經常有好幾個教會設立教堂，多的有四五個教堂在一村互相競爭。這麼多的教堂互相競爭很明顯的會使原來是同一信仰的村民產生分裂，有的甚至一家人分割成三個教派。有一位排灣族的青年對我抱怨過，說他們的村子原來是很和諧很團結的，現在卻因為有不同的教派而變成四分五裂，要合起來為村內做一件公益的事都不容易了！我相信教會人士並不是真正有意要使山胞產生村落甚至家庭的分裂，他們一定願意看到山胞過著和諧的生活，所以我願在此呼籲教會的領袖們出面來為這些問題謀求改善之道，最少我希望開明的教會領袖們應該指示他們的傳教工作者，不要使最近報載玉里教會阻止入教山胞去參加豐年節儀式的事再發生，像玉里教會那樣狹窄的傳教方式，終有一天會為人所唾棄的！

七、結語

從上文各節的分析，我們對臺灣宗教的歷史淵源、社會文化背景以及若干現狀已有一概括的瞭解。但是，也許有人仍然要問，我們對這些各種不同的宗教現象應該採取什麼態度呢？尤其是有關的民政機構人員也許更要說，即使是瞭解了上述種種現象，我們仍然無法對宗教與迷信的差別有一明確的觀念，更談不上採取什麼處理的方法了。對於這一點，我們在第二節中已經說過，採取「理信」的或把崇拜的對象當作「完美的目標」是分辨宗教與迷信的一個標準，在這裡也許我們可以更通俗一點地說，凡是經驗技術與知識所能解決的事而不以之為解決的手段，轉而求之於神靈或超自然的都應視之為迷信。例如開計程車的人本來可以從小心駕駛、遵守規則上獲得行車安全的保證，但他都要求之於媽祖的香灰袋，這便是迷信；一個官員不從努力工作、清廉勤正上著手，而專門講究風水，找人算命上求騰達，這更是迷信。這樣的分辨法也許是相當清楚了，但是問題卻在經驗技術與知識的標準有所不同，不但因不同群體而有差異，而且因情境的不同也有差別。一些不識字和小學程度的鄉民，在知識上與中學程度的人大有差別；中學程度的人與受過大學教育的人在知識上也有差別；居住在城市與鄉村中的人無疑在知識上也頗有距離。何況如前節所述，複雜的現代科技以及錯綜的現代社會組織實際上產生更多的「未知」，在這種狀況下即便是高級知識份子也免不了常會憂心忡忡，而想對自己的前途有所預知，我們怎能怪那些鄉下老百姓為了避免手續重重地去醫院看病而求之於「收驚」的老法師，或者因為種種不順利或在法庭上受到委屈而去求童乩或「安斗」「安太歲」呢？如此說來，我們要判斷何者是迷信卻又不是這樣隨意可定的了。

自然，我並無意於為「收驚」、「安太歲」甚至「童乩作法」等等行為辯護。在廿世紀七十年代的今日，在科學進步、醫學發達、社會保險普遍推行的今日，上述的這些宗教行為顯然都無可否認的是不理性的行為。但是問題卻在於我們可以用理性的標準來認定行為的合理與不合理，我們卻很難用「純理性」的辦法來處理社會現象，特別是有關信仰的問題，更不是那樣直截了當就可以處理了事的。社會科學家們或行政人員經常忽略了一點，那就是處理一個問題與處理該問題有關的人之間是頗有差別的。換而言之，我們在取締禁絕那些迷信之前應該考慮到有沒有更「合理」的方法可以代替轉移之，有沒有更合理的辦法來作為他們心理需要上的憑藉，有沒有更合理的辦法可以作為他們整合群體的象徵，在這些更合理的方法不能肯定之前而要禁絕傳統的宗教迷信活動，其間所引起的社會問題恐要比其本身的問題更為嚴重。

對於歷史淵源久長而又深根固柢的傳統宗教及迷信行為最根本的破除方法是推行現代的教育方法，只有經由合理的教育方法才能逐步根除不合理的迷信行為。但是最令人憂心的卻在教育本身是否合理，就如心理學家楊國樞教授在上述的宗教座談會中曾說道：「教育應該是教給我們很多不是呆板的知識，教給我們分析問題的方法，這才是破除迷信最重要的一點……但是……我們的教育不知不覺中有不理性的成份在那裡面。我們的教育只要求記憶，不太注意分析，太重權威形式的教學與管理（如老師講不通學生，便說：不要再講了，我是老師，再講就罰你）等等，都是對事情不加分析而盲目信仰，對知識不加分析的盲目死記……沒有養成一種講理的和理性分析的習慣」。假如這樣的教育方式不能儘早改進，那麼社會的迷信心態不但不能藉教育的力量而逐漸破除，而且會有變本加厲的可能。在這裡我們只能說宗教信仰是社會整體的一部份，要宗教信仰走向「理信」之道，只有期待整個社會走上「理性」的大道之後了。

參考書目

中國論壇社：宗教信仰與迷信心態座談會，中國論壇，第四卷第四期，民國六十六年五月（見張曼濤、吳英璋、楊國樞等先生之發言）。

文崇一、許嘉明、瞿海源、黃順二等著：西河的社會變遷，中央研究院民族學研究所專刊乙種第六號，民國六十四年，臺北。
李亦園：「唐璜的門徒」之外，中國論壇，第二卷第九期，民國六十五年八月。（亦可參見本書P.117）。
李亦園：是真是假話童乩，中國論壇，第三卷第十二期，民國六十六年三月。（亦可參見本書P.91）
林衡道：台灣寺廟大全，青文出版社，民國六十一年，臺北。
許嘉明、馬約翰、李亦園：民俗宗教信仰調查研究（未出版）。
張明哲：宗教與現代社會，新時代，第十七卷第四期，民國六十六年五月。
普易道人：臺灣宗教沿革志，臺灣宗教月刊社，民國六十四年，臺北。
黃光國：迷信的社會，中國論壇，第三卷第十二期，民國六十六年三月。
董芳苑：臺灣民間宗教信仰，長青出版社，民國六十四年，臺北。
劉枝萬：臺灣省寺廟教堂調查表，臺灣文獻，第十一卷，第二期，民國四十九年。
蔡文輝：台灣廟宇占卜的一個研究，思與言雜誌，第六卷，第二期。民國五十七年七月。
瞿海源、袁憶平：人格、刻板印象與宗教復振過程，中央研究院民族學研究所集刊，第三十八期，民國六十三年秋季。

Kleinman, Arthur

1975 Medical and Psychiatric Anthropology and the Study of Tranditional Forms of Medicine in Modern Chinese Culture, *Bulletin of the Institute of Ethnology*, Academia Sinica, No. 39.

Li, Yih-yuan

1975 Chinese Shamanism in Taiwan——An Anthropological Inquiry, in: Wm Lebra (ed): *Ethnopsychiatry, Cultural Syndrome and Mental Health in Asia and the Pacific Areas*, Honolulu.

Li, Yih-yuan

1976 Chinese Geomancy and Ancestor Worship: A Further Discussion. in: Wm Newell: *Ancestor*, Mouton, The Hague.

Wallace, A.

1956 Revitalization Movement, *American Anthropologists*, 58: 2648-1.

說占卜——一個社會人類學的考察

占卜是遍存於全人類社會的一種宗教行為，無論是原始或文明的民族都有某一型式的占卜方法存在。對占卜的探討，我們若從寬廣的角度先去考察全世界各民族不同型式的表現，再回來檢討一個民族的占卜文化，則會有較廣和較深程度的瞭解。本文擬先探討占卜的種類，再進一步分析占卜的社會功能，最後對我國占卜的發展與特色作一扼要的闡述。

壹、占卜的種類

占卜是一種與超自然的溝通，人藉占卜的方法，企圖從超自然或神靈得到一些啟示，然後依據這些啟示去做自己認為應該做的事。藉占卜與神的溝通，在溝通的形式上而言，實可分為三個類別，第一類是自然訊息的觀察，這是人們觀察那些被認為是神所啟示的自然現象，從這些現象的變化用作解釋的徵兆。第二類是人為操作的溝通，這是占卜的人進行各種法術以求得神靈啟示訊息，而不是被動地觀察自然現象（Malelijt, 1968: 215-221）。第三類是藉人類的口直接與神溝通。本文着重於一、二兩類占卜方法之探討，最後，第三類神媒在另文敘述之（參看本書「是真是假話童乩」一篇，P.91）。

一、自然訊息的觀察

人類未主動採取各種方法以迫使神靈啟示訊息，只是從若干自然現象的變化解釋為神的啟示，這種溝通可稱之為「占」，因「占」在我國古代的原義是「視」，也就是只觀察徵候，而「卜」則有所操作，應是第二類的溝通。觀察自然訊息的「占」大致可包括四種：鳥獸占、占星術、體相與夢占。

(一)鳥獸占

鳥獸占英文稱為augury，其義有廣義與狹義之分，廣義指一切地面上自然現象的觀察，狹義是特別指觀察鳥類以求得徵兆。所謂徵兆omen來自希臘文的oionos一字，這是指一種鷹類的鳥而言，在古希臘常把這種鳥作為占視吉凶之用，故即以為預示徵兆的總稱。鳥占不僅在希臘羅馬時代甚為盛行，在很多其他民族中亦甚普遍，英文中有ornithomancy一字專指鳥占（按 ornith 在希臘文中為鳥，mancy 希臘文為預知之意，故許多占卜字均以mancy 為字根）。

台灣高山族就是一個盛行鳥占的民族，他們遇到出草獵頭、打獵、舉行儀式或出遠門都要注意鳥的行動聽鳥的聲音以定吉凶行止。例如泰雅族，他們認為一種稱為「喜勒」的鳥是祖靈所托，所以聽喜勒鳥的聲音並觀察它飛行的路線都可占知吉凶。他們凡有重要行動之前，一定要行鳥占再決定行止。通常在黎明之時，由首領或頭目先到村外聽鳥聲，鳥叫急促而短則凶，長而柔則吉。出發時如遇到喜勒鳥橫飛阻斷去路則是大不吉，全隊折回不再行動（李亦園，民國五十一年）。

鳥獸占除去真正的鳥占外，尚包括如下各種占法：

火占（pyromancy）：觀察火焰之形狀以判斷徵兆，非洲及若干印地安人有這種占法。

石占（lithomancy）：觀察岩石的紋路以定吉凶，石占最特別的形式是觀晶占術，也就是觀察水晶球內紋路的變化以定命運如何，這在歐美社會仍然是很流行的占法。

水占（hydromancy）：觀察水流及波紋的形狀以定吉凶，這種占法在太平洋土著中頗為盛行。

(二)占星術

占星術astrology在英文字根上雖 ology（學）存在，但實際上不是一種科學的學科，倒是另一字astronomy（天文學）才是真正的學科，而占星術僅是一種占卜方法。西洋的占星術起源甚早，公元前三千年時代蘇末利人已有觀察星象以瞭解神意的方法，到了巴比倫時代占星術更形發達。希臘人在公元前五世紀時代也從小亞細亞學得占星術，因為占星術觀察星象的方法與希臘人的神話甚為配合。兩河流域文化的占星術大都用於占定國家大事，但到希臘時代也有用占星術以占個人事情的。

原始民族的占星術較不發達，只有在墨西哥的阿茲特（Aztecs）的占星術較為突出，阿茲特的文明是古代美洲土著的三大文明之一，他們對星象的觀察雖有占卜之意，但已發展成為頗有系統的曆法與算學。

我國古代亦有占星術，並且有我們自己一套的解釋理論，待第三節談到我國的占卜時一併論及。

(三)體相

體相 Somatomancy 是較近代常見的占法，根據加州大學洛桑璣校區人類學教授李沙（William Lessa）的研究，全世界各民族的體相大致可分為二大類，也就是自然體相（natural somatomancy）和天象體相（astral somatomancy）。所謂自然體相就是直接觀察人體各部份的狀態，並以之為徵兆作為判斷預測命運的標準。天象體相則較為複雜，不直接以人體的現象作判斷，而是把人體的現象與天體星象的部位作對比，然後以之為徵象作判斷。

自然體相一般分為痣相（neomancy）、眼相（ophthalmoscopy）、頭骨相（phrenology）、手相（palmistry）等。天象體相則包括有額相（metoscopy）——以額與部份天空類比、掌相（chiromancy）——以掌與天類比、身體相（physiognomy）——以身體各部位與星座類比（Lessa, 1965: 352-63）。

(四)夢占

夢占也是全世界各民族均常見的占法之一，藉夢中所見以解釋為神的啟示是非常普遍的事。一般把夢到的情境都解釋為神諭，但也有特別到神廟或其他與神有關的地方去求夢的。有些民族並用藥物（如麻醉植物或刺激物）或其他類似催眠的辦法以求得神的托夢，例如北美洲的印度安人有「仙人掌教」（Peyote cult），是一種土著基督教，他們每週六聚會時大家都吃稱為 Peyote 的仙人掌，這種仙人掌極富麻醉作用，吃後就會有各種幻夢，印地安人把夢中所見認為是神的托示，就照神的話去做他們認為應該做的事。夢占在某一程度內算是自然訊息的觀察占卜，但是假如利用藥物成其他催眠法，似已屬於人為操作占卜的範疇了。下面就人為操作溝通的占卜再加說明。

二、人為操作的溝通

有些民族要預知未來的吉凶多依照觀察自然現象，有些民族則似認為等待自然現象的出現較不實際，不如做些法術以迫使神靈啟示徵兆更來得有效，用法術或經人操作以求得徵兆者稱為神諭（oracle），在我國古代稱為卜，卜與占的差別即在於是否經人為的操作。這種人為的卜法大致可分為四類：

(一)內臟卜

內臟卜（haruspicy）是利用動物內臟如肝、腸或其他器官的形狀作徵兆以判斷吉凶。要看到動物的內臟必須先殺了動物剖其身體，因此要先經過一番人為的操作，同時這種卜法也經常與祭祀犧牲有關連，因殺動物作犧牲以祭神，在殺的過程中就可附帶求神啟示於被殺動物的內臟裡。最常用作預卜的內臟是肝與腸，肝卜（hepatoscopy）在內臟卜中有特殊的意義，因為古代的巴比倫人曾大量利用動物的肝臟作占卜之用，考古家曾在巴比倫故墟中發現成千成萬的泥塊，其上印有各種肝臟模型或紋路，根據研究，這些肝模型是占卜後收藏作為記錄，有些則是占卜師用來作為教給徒弟解釋肝卜的模型，由此可見肝卜在古代巴比倫是多麼流行的一種占卜（Malefijt, 1968: 219）。在臺灣，蘭嶼雅美族也有用鷄肝來占卜的風俗。

內臟卜最特殊的一種是古代南美洲印加人用美洲駝的肺來占卜。印加人在出戰之前要殺一隻黑駝作祭，並以之先卜吉凶。作祭的駝馬要挨餓數天，然後拉到祭壇前，讓它面向東，由三四個人拖住駝馬，另一人剖開胸部，立即把肺及心拉出胸膛，如肺尚顫動，則認為是大吉。日本人類學家大林太良研究印加人的內臟卜，認為在美洲其相似的風俗絕少見，但在東南亞及太平洋一帶此種卜法則甚盛行，故大林氏認為印加人的內臟卜很可能是由亞洲傳去的（Obyashi, 1959）。根據大林氏的研究，在中南半島上有許多民族如卡欽（山頭人）、卡倫人、卡西人、那卡人都有內臟卜，他們大都用牛、山羊及猪的內臟作卜。在東南亞海島區則婆羅洲、菲律賓、西里伯斯，民他威諸地的土著也都行內臟卜，他們用猪、羊及鷄作卜。在東太平洋則夏威夷、大溪地及新西蘭的土著也用動物的內臟作卜，新西蘭的土著且用人的內臟作卜，大林氏不但認為美洲印加人的內臟卜與太平洋東南亞有關，並且認為這一風俗來自亞洲大陸及中國（上引文，頁331—32）。大林氏認為漢書記載粵人有鷄卜及鷄卵卜，又說禮記所載用牛羊的肺作祭，都應該是內臟卜的一類。按漢書郊祀志下所說粵人的雞卜，是用雞骨作卜而不是用雞內臟作卜。又禮記少儀：「牛羊之肺，離而不提心」，是指祭祀時用牛羊作犧牲處理肺及心的辦法，並未說到用肺作卜。因此大林氏的說法，認為內臟卜，曾在我國古代盛行過似不甚正確，但印加人的內臟卜與太平洋東南亞有密切關係似較為可信。

(二)骨卜

用動物的內臟作卜，在某一程度內仍未完全俱備人為操作的條件，因為除去殺動物外，對其內臟僅作觀察，並未加任何改變。骨卜則不同，要先把動物的骨甲取出，洗淨晒乾，然後用火灼燒使之破裂，再就裂痕的變化作徵兆以判斷吉凶，這是一道相當繁複的人為操作手術。骨卜的分佈有明顯的區域性，除去歐非兩洲有零星出現外，以環北太平洋亞洲美洲兩岸的民族最為盛行。分布於我國東北的通古斯族以及西伯利亞的古亞洲族的Chuckchee, Koryak等族都用馴鹿、海豹及牛羊的肩胛骨或角作卜，北美的二大族Athabaskan 和 Algonquian 人也用馴鹿、麋鹿、水獺等動物的肩胛骨做卜。但是把骨卜發展到最高峯的是我國商代的人。殷商時代的骨卜有時也用動物肩胛骨作卜，但他們大部份用龜的腹甲為材料，卜的過程也用火灼燒龜甲裡面，燒至其表面有龜裂的痕跡，再以裂痕為徵兆定吉凶。商代的甲骨占卜都是為皇室而做的，卜問的事也都是有關邦國及皇室的活動，占卜的官吏（稱貞人）在卜問後把所問的事及其結果用銅刀刻於龜甲上以為記錄，這就是我們一般所說的甲骨文（董作賓，民十八年）。下文再引羅振玉殷墟書契考釋的一段話，使對殷代的骨卜有更進一步的瞭解：

> 卜以龜，亦以獸骨，龜用腹甲而棄其背甲。背甲厚不易作兆且甲面不平故用腹甲。獸骨用肩胛骨及脛骨，脛骨皆剖而用之。
>
> 凡卜祀者用龜卜，它事皆以骨，田獵則專用脛骨，其用胛骨者則疆理征伐之事為多……其卜法削治甲與骨令平滑，於此式鑿焉或鑽焉，或既鑽更鑿焉，龜皆鑿，骨則鑽者什一二鑿者什八九，既鑽而又鑿者二十之一耳，此即詩與禮所謂契也。
>
> 鑿跡皆橢圓形如◎，鑽則正圓形如○，既鑽更鑿者則外圓而內橢如◎，大抵甲骨薄者或鑿鑽，或其鑽而復鑿者皆厚骨不易致坼者也。既契乃灼於契處，以致坼灼於裡，則坼見於表，先為直坼而後歧坼，此即所謂兆矣。予所見兆形甚多略示如下：

(三)擲筊

動物的骨頭除去燒灼以求卜兆外，較小型的骨頭如腕骨、踝骨也用作投擲的「筊」以決定吉凶，例如古代的羅馬人就特別喜歡用膝蓋骨來投擲作卜。除去骨頭之外，作為「筊」的東西可以有很多種類，包括竹子、乾果、樹枝、豆子、種子、葉子、小石子、貝殼等等，占卜的人用這些東西當作骰子來投擲，由其出現的型式來決定徵兆。

擲筊大部份是由人投擲，但在若干民族中也有用動物來代替人投擲的。例如非洲克蔑囊的土人就把做有記號的棕葉放置在一種毒蜘蛛的洞口，毒蜘蛛爬出洞口而翻動葉子，再由其翻動的情形來決定事情的吉凶。還有非洲阿桑德人則利用螞蟻來幫助占卜，他們把二枝不同種類的樹枝放在蟻窩外面，然後依螞蟻嚙那一種樹枝來決定兆頭（Malefijt, 1968:220-21）。其他民族也有訓練小鳥、猴子來投擲或抽取「筊」以定休咎。

「擲筊」在我國占卜史上也有相當久的歷史，而且發展成很複雜的型式，這在世界各民族中是很少見的。筊又稱桮筊，或作盃珓，又俗稱杯筊。宋代葉夢得著石林燕語一書云：「南京高辛廟香案有竹桮筊……以一俯一仰為聖筊」，又宋人程大昌演繁露一書中亦有這樣的一段記載：「後世問卜於神，有器名盃珓者，以兩蚌殼投空擲地，觀其俯仰以斷休咎。自有此制後，後人不專用蛤殼矣。或以竹，或以木，略斵削使如蛤形，而中分為二，有俯有仰，故亦名盃珓。盃者，言蛤殼中空，可以受盛，其狀如盃也。珓者，本合為教，言神所教告，現於此俯仰也。」故筊字亦可作珓，有時也寫作教、校或斆；桮字亦作盃，或作杯，杯字與閩南及臺灣目前所用者完全相同。凌純聲、芮逸夫二先生在「湘西苗族調查報告」一書中曾用「筶」字代替「筊」字，此或係商人語或湘西音，他們在附註中亦稱「筶」字不見於諸字書，大概是筊字之誤。（凌，芮，民三六，頁130）。

有關擲筊的原始，容肇祖認為可比宋代更早，或可早至唐代，他引韓愈謁衡嶽廟詩之一句：「手持杯珓導我擲。」為證（容肇祖，民十七，頁70）。實際上筊應可上遡至莢筊之卜，後來分化，簡單的可能成為杯筊，較複雜的與中國文字藝術互相配合，成為卦卜與籤詩等，這在第三節中將再詳細論及。

(四)神判

神判 ordeal 在許多民族中都甚流行，在中世紀的歐洲以及殖民時代的非洲土著中神判都很普遍。所謂神判是用占卜的方法來決定犯罪與否，這種判決通常是恐怖而富戲劇性的。在奈及利亞被懷疑做黑巫術害人者會給他吃下一種有毒的豆，如他係無辜則不死，否則就會中毒而死。達荷美的人更有各種不同的神判法，如置燒熱的刀於疑犯的舌頭上，或要疑犯從油鍋裡拿起穀粒，或放胡椒於疑犯眼中看他是否流淚等等（Goode, 1951: 142）。從現代的眼光來看，神判是殘酷而不合理性的，但實際上，神判是一種藉戲劇性的行動以平息可能產生更嚴重後果的儀式行為，也經常是一種藉超自然之名以處決一些不為社會認可的人的手段。因此假如我們把神判看作是一種取信於眾人的展示、一種處罰，而不把它當作是審判本身，其社會意義就可以瞭解了（Park, 1963: 203-205）。

貳、占卜的社會功能

如上節所述，占卜的種類是如此繁多，世界上各民族不論是文明的或原始的，遠古的或現代的，都或多或少行一種或數種的占卜。為什麼占卜會在人類社會中如此流行呢？各民族所行的占卜，在他們各自的社會中是否有特殊的意義？要回答這些問題應先由個別民族占卜的事例入手。

非洲東部的阿桑德人（Azande）是一個很盛行占卜的民族，他們的占卜經由英國著名的人類學家Evans-Pritchard的研究已成為人類學者論占卜的範例（Evans-Pritchard, 1937）。阿桑德人有很多種不同的占卜方法，上節所述利用螞蟻來擲筊是其中一種，此外尚有「磨板」（rubbing board）來求卜的方法，但是他們最看重的卜法還是一種稱為benge的雞卜，雞卜用來決定較重要的疑難以及涉及律法的糾紛，其他兩種卜法只用在日常生活上一些小事的決定。benge的卜法是利用番木鼈（strychnine）磨成粉紅色的粉末來餵給雞吃，這種植物有劇毒，但雞吃了有時會死，有時卻不會死，所以阿桑德人認為這是神的力量，也就利用它作為判斷神意的標準。行benge占卜的人都是年長的男人，本來在阿桑德族中年長的男人即已有很大的權威，由年長的男人來行占卜就更有決定的意義。占卜者在餵給雞毒藥，先把要問的事向神禱告，並求神指示使雞死或不死，占卜者問話的方式很迂迴且模稜兩可，因此他對徵兆的解釋有相當決定的份量，而且作benge時都同時用二隻雞來作卜，前後兩隻雞所現的情形要一致才算數，但是一經決定後大家都深信不疑並按照卜者的意見去行事。從阿桑德benge占卜的這一例子看來，他們的占卜實際上是有權力的年長者藉着神的意旨來決定懸疑未決事情的手段，年長占卜的人在占卜時從模稜兩可的問話中可以有很大的支配力量，在這情況下可以說占卜與年長者的權威是互相肯定互相維護，因此事情一經占卜決定了，就不再猶豫徘徊於不同的可能行動之間，而一經行動之後也就沒有徬徨後悔的困境了，這對阿桑德人心理的穩定是有很重要的意義的。

另一個要舉的例子是巴西阿瑪遜河流域的葵古魯族（Kuikuru）人的占卜。葵古魯人的社會組織很簡單，每一部落中雖有一頭目，但他只是一個有經驗的年長者，他憑他的經驗領導部落人去打獵採集，他沒有任何政治的權威支配他的族人，他更不能處罰不守規則的人。在葵古魯族中實際上沒有執法或實施社會制裁的機構，若遇到有違反社會規範的案件發生，就由巫師行占卜以決定是否犯罪或犯罪的人是誰。可是巫師即使找出犯罪者之後，他也沒有力量採取制裁，他只是提出控訴，然後由全部落的人來決定如何處理，通常較嚴重犯罪者如一被占卜認定，就會為眾人所驅逐，有的甚至被全體的人殺死（Dole, 1966 73-87）。從葵古魯人的例子看來，占卜不但發揮了社會規範與制裁的功能，而且有統合群體內成員意見使趨於一致的用處。實際上，在很多為群體而行的占卜中，藉占卜的力量以統一歧見是最重要的功能。

非洲奈及利亞的伊波人（Ibo）社會中占卜又發揮了另一種功能。伊波是一個很大的族群，全族分為兩百個以上的父系氏族，而每一個氏族之間都有很大的獨立性。在兩百個氏族中有六個氏族世傳有占卜的技術，這六個氏族的占卜者經常旅行於其他氏族之間，代他們斷定疑難、解決糾紛，因此其他氏族的人對這六個氏族特別尊重，他們也就享有較高的政治支配權力。藉著這樣的權力，這兩百個不相統屬的依波氏族就有某種程度的整合，使氏族與氏族間維持較和諧的關係。此外，六個氏族的人藉各地為人占卜之便，也常把貨物運銷於各族之間，他們因受各族的尊敬，所以旅行及進行貿易時就不致發生危險，這樣子就使依波人族與族之間的經濟流通得以順利完成（Ottenberg, 1958: 295-317）。從這裡我們可以看到占卜尚發揮了政治整合和促進貿易的功能。

有些學者認為占卜在某種程度內實有助於該民族調適自然以獲得生存之功。例如Omar Moore先生分析北美洲那斯卡比印地安人（Naskapi）用骨卜以求多獲獵獸的情形，他就以為骨卜的辦法確能在長遠的期間內使這靠打獵為生的印地安人有較大生存的保證。那斯卡比印地安人和北美洲北部的印地安人以及北亞土著一樣行獸骨占卜，他們採用馴鹿的肩胛骨為材料，用火灼燒骨頭使其破裂，然後把裂痕的徵象當作神的指示去決定他們出去打獵的方向。Moore認為用骨卜以決定打獵方向的辦法，在短期間內也許不能對那斯卡比人有明顯的幫助，因為真正獵獲的機會並不能由占卜來找出的，但是從長久的期間來說，骨卜卻產生一種隨機的作用，使那斯卡比人出獵時不致於一直不斷地在同一方向的地方去打獵。而是相當隨機地在不同方向打獵，這樣的隨機作用就免去他們一直在某方向打獵會使野獸獵盡而不得機會再繁殖的危險，因此從長期的眼光看，骨卜的隨機作用免去野獸被過份捕捉的可能，也使那斯卡比人與自然界維持一種巧妙的均衡（Moore, 1957: 69-74）。

前面所舉的例子都屬原始民族的占卜，也許有人以為原始民族依賴占卜較為明顯，在文明民族中占卜的重要性就大為降低了。這樣的想法也許在某一程度內是對的，但是也並不盡然。下面要舉的例子是一個文明社會的例子，這是發生在美國西南部新墨西哥州的事。新墨西哥州大都是沙漠地帶，氣候乾旱，水份極缺。當地居民除去印地安人外，尚有不少在十九世紀末從美國東部移民而來的墾荒者，他們來到荒涼的西部，憑他們的開拓精神與自然奮鬪，他們在沙漠裡種植玉米，自然面臨最大的問題是如何得到灌溉的水。他們解決這一困境的辦法是開鑿深水井，有時一開幾百尺然後才能得到地下水的灌溉，但是地下水並不固定，有時開鑿再深也沒有見到水，因此在這些西部開拓者之中盛行一種卜水井的辦法。這是很簡單地採一人形的柳枝，然後手執兩叉並用力向內壓，卜者一面執柳枝一面在要開鑿水井的地面上走，柳枝因受到兩手的壓力，當走到一段路時其向上的枝頭就容易向下落而指向地上，占卜的人看到柳枝頭向下落時，就認為這是開鑿水井的地點，於是動工開鑿。根據人類學家Evon Vogt的研究，利用柳枝卜水的方法實際上是不甚有效的，例如他搜集用占卜開井及不用占卜開井例子作比較，前者有一七五三個例，後者有一六七五個例，但是前者成功的百分比只有百分七十左右，後者成功的例子佔百分之八十四（Vogt, 1952: 175-186），可見用占卜方法開井並不比不占卜有效。但是Vogt先生研究，用占卜開水井雖不真正有效，可是仍有較多的人行柳枝卜水的方法，並且有很多占卜的人都是受相當高深的教育的。Vogt先生解釋為什麼在這樣科技發展的社會裡，仍然會有這種近乎迷信的現象存在呢？他認為在新墨西哥沙漠上開水井實是很困難的事，雖然上舉有百分之七十——八十開井成功，但是其出水的深度卻未算在內，出水的深度有時要好幾百呎才能達到地下水，稍無耐心的人即會半途而廢，所以開井是否成功就成為這些農民心中最大憂慮的事，而柳枝卜水實是藉以彌補消除這種憂慮的方法。但是Vogt先生認為消除憂慮也許在非知識份子中有作用，卻未必在知識份子中發生功效，由此他再進一步探討，認為柳枝卜水的存在最初或是由於可以消除心理憂慮的作用，但是行之已久卻又被一種社會價值觀所支持，於是就更盛行起來。這種社會價值觀就是西部開拓移民的依靠自己不依賴別人的精神。柳枝卜水的方法是完全由自己可做到的辦法，而不必求之他人。雖然這一方法並不見得有效，但總是由自己決定，自己決定的事由自己負責，這正是開拓者精神之所在，由於這一精神之所在，占卜的辦法就藉這精神的支持而流行下去了。Vogt先生這一理論實有其重要性，因為一個民族基本價值所在之處，經常會被特別誇大、珍重而固守之惟恐不及，所以即使遇到不理性的挑戰時，也不易被放棄，這一點在解釋我國的占卜時實有重要的意義。

總結而言，占卜在各民族中雖發揮了不同的作用，但從上文所舉的例子中我們仍可綜合出幾點基本的功能。

一、占卜和其他超自然行為一樣，在最基礎的層次上是幫助人們消除疑惑和因疑惑所引起的憂慮不安，使人們在許多可能的途徑上選擇應該行動的方法，並且肯定地行動而不致於後悔。果敢的行動總比猶豫未定而不採任何行動要好得多，當然果敢的行動是否值得仍要看其有效的程度如何，可是什麼是真正有效呢？照那斯卡比印地安人打獵的例子來看，占卜的機運雖不能立即幫助他們多獲獵物，卻能有效地保證他們較長期地獲得獵物的來源！

二、從社會的層次上論，占卜的社會功能最為明顯，占卜有時發揮了社會制裁的功能，維持社會秩序的安定，不但維持社會的安定，而且支持社會既有的制度，使社會既有的制度更能為成員所認可與尊重。從另一方面說，占卜是用來作為統合成員間不同意見而使之趨於一致的一種好方法，而在伊波人的例子中，它又是整合不同群體的一種有效工具。

三、占卜的方法如與社會的基礎價值觀念相結合而得到價值觀的支持，則占卜將更強固地存在於社會之中。得到基礎價值觀念支持的占卜經常會演變超過原有的形式，不僅滿足了心理與社會的一般需要，而是更進一步發揮了欣賞與象徵的功能。

叄、中國的占卜

一、中國的占卜發展的源流

關於我國占卜的源流及其演變，前此已有不少學者做過相當詳盡的研究，較早的有容肇祖先生的「占卜的源流」（民十七年），較晚近的有屈萬里先生的「易卦源於龜卜考」（民四十五）及王夢鷗先生的「陰陽五行家與星曆及占筮」（民六十年）等，故本節的目的並不是要對占卜的源流再加析論，而是要從世界上各民族不同占卜意義的分析中，試對我國占卜的若干特性加以檢討。在說明這些特性之前，應先就占卜的演變作一扼要的敘述。

(一)甲骨卜

目前我們所知道的最早占卜方法是骨卜，骨卜在殷商一代發展到最高峯，但是骨卜的較早型式卻可推至黑陶時代，例如山東城子崖的遺址就有骨卜遺物出土。城子崖的骨卜都是用牛胛骨和鹿胛骨，也沒有刻上卜辭，這是與殷商的占卜最不同的地方，但是這一骨卜的文化卻與環北太平洋亞洲東北部及美洲北部的骨卜甚為相似，應與這一文化圈有相當的淵源關係。

殷代的占卜以龜甲為其特色，卜時主要是觀察用火灼燒後所裂成的卜字形兆痕的變化而定吉凶。卜字形兆痕包括垂直的縱兆及與之相交的橫兆兩坼，這縱橫兩兆所交產生角度的變化實在很有限，要從這有限角度的變化來分析吉凶的標準似甚容易，但實際上卻甚複雜。張秉權先生曾就殷墟所見材料企圖理出卜兆與吉凶間關係的標準，他所採用的卜兆「標本」雖很完整，但是仍未能找出這兩因素之間關係的較肯定結論，所以他說：「證明占卜吉凶的審定，除了卜兆的角度之外，可能還有其他的因素，那些因素是些什麼，在遺物上已無痕跡可尋。」（張秉權，民四三，頁245）。我想張先生所說的有其他因素存在是很有道理的。研究殷契的人都知道，殷人卜問一事經常做數次的占卜，而且反覆顛倒詢問以求數次卜兆的一致性。在這種情形下主持占卜的「貞人」便有相當程度操縱的可能，我想大概是由於貞人可以在正反兩面作反覆詢問的操縱，所以使卜兆與吉凶的判斷很難有絕對的標準顯示出來。我們如回想前節所舉阿桑德人讓鷄吃番木鼈毒粉的卜例，就可以對殷人骨卜的情形有更進一步的瞭解。阿桑德人行鷄卜時要用兩隻鷄先後占卜，卜問時主持的年長者可以迂迴反覆詢問，然後求取一致的結果，所以主持占卜的年長者在占卜中實有很大的機會來左右其徵兆的解釋。實際上如上文所述，阿桑德人的鷄卜其年長者藉占卜以支持其地位與權力，而占卜也因年長者的主持增加其權威性，其目的是在於取信於群體並統合全體成員的意見使趨一致。從阿桑德人的例子看來，殷人的龜卜在一卜二卜至四五次卜的過程上，貞人無疑有左右的權力，而國王則可在許多國家事務上藉貞人的占卜以統合歧見、推行政令，這無疑是為團體所施行的占卜經常要發揮的最主要功能。

(二)卦籤

周繼商興起，周代盛行的占卜方法是蓍筮，就是以一種多年生的蓍草草枝來作卜。從前一般的意見都認為商代為東方的文化，周則代表西方的文化，其發源地不同，文化形式也各異，所以連占卜方法也都不同。其實這樣的分別是無意義的，現代考古學的資料證明商周兩代的文化實是一個文化的兩個階段，而非兩個不同的文化。在占卜上，周代初年雖已行筮，但骨卜仍存在，而且骨卜的權威性似較受尊重（容肇祖，民十七，頁32）。同時，蓍筮及其所根據卦辭的一些基本法則都源於甲骨卜（屈萬里，民四十五），所以周代的筮卦占卜可以看作是繼骨卜之後出現的一種適應當時社會需要的較複雜的卜法。

周人取蓍草為筮的卜法，最初應該與其他民族利用植物枝葉以擲卜的形式無大差別，但是後來加上了兩個因素，遂發展成為複雜的筮卦。這兩個因素一方面是星象術及其所代表的宇宙運行觀念，另一方面則是我國文字藝術的特色，由於這兩個因素的導入遂有周易卦辭的出現，而大部份的占筮就根據周易中各卦固定的爻辭來定休咎。占卜的形式發展到此有固定的爻辭以解釋徵兆，則占卜主持者所能左右的已不是卜兆本身的解釋而是文字詮釋的變化，這種情形不但較能適應周代社會的複雜人際關係的需要，而且藉文字的形式發揮了占卜更高的象徵功能。

籤卦的另一型式發展是較後代的籤詩，據容肇祖在上引文的探討認為籤詩可能出現於五代末期，到了宋代就相當流行，而其型式一直流傳到現代，已成為各種廟宇中最通行的占卜方法之一。容氏曾搜集現行的籤詩，認為籤詩的內容卜吉凶以中等最多，上吉次之，下籤最少，例如最通行的關帝籤及觀音籤一百籤，中、上、下之比約為三、二、一，其他籤詩也有上吉較多，但中等籤總佔主要數字，從這裡可以看出籤詩內容的特色，一方面在安慰滿足求卜者的心理，另一方面則表現模稜兩可的詩句，所以中上的籤最多。由於籤詩內容較多模稜兩可的含義並用詩的形式表現出來，所以對知識份子來說，就形成對籤詩內容把玩推敲的風氣，有時變成是一種藝術的活動，而不完全是占卜的舉動了。至於對非知識份子而言，他們依賴認識文字的人代為解釋籤詩的內容，因此他們對籤詩占得結果的信任，已不僅是對神的信心，而是用時把對文字及知識份子的尊敬都加添進去了。

(三)體相

商代的骨卜大都是為王室或邦國而做的占卜，蓍筮的興起在初期也是為群體而卜，只有到春秋戰國時代，為個人而行的筮卦才逐漸盛行，也就在同一時期，體相之術才開始出現。體相是純粹為個人而行的占卜，因為它是根據個人身體的特徵作各種解釋的占卜。

我國古代的體相之所以開始於春秋戰國時代是有其必然的社會因素的，在春秋以前，中國的社會是一個封建社會，社會流動率極低，個人地位的獲得全是歸屬性的，而非依其能力成就而來的。春秋以後，隨著封建的瀕於解體，社會流動逐漸增大，個人地位也大為抬頭，也就是所謂百家爭鳴的時代，個人可以由於自己的能力，不必借重出身，就可以得到諸侯的賞識成為公卿，所以在此時期中開始從個人的特徵企圖找出命運的指標，這是很自然的發展（Lessa, 1971: 362-365）。但是戰國以後，自秦漢至唐，體相的技術卻一直未有大開展，而實際上在漢唐二代體相之術要遠較戰國時代為沉寂，這顯然是因為漢唐二代的社會仍屬相當封閉性社會，階級制度仍甚嚴格，所以社會流動極有限，即使科舉制度已存在，但也都重於薦舉，世家大族之子弟仍具有絕對優勢於仕途，依賴個人成就而為社會認可的機會較少，這是體相在這一時期較為沉寂的基本原因。體相在我國的重新盛行並變為極普遍是始於宋代。很顯然宋代在經濟、社會、技術以及思想上都是具有很大變化與開展的時代，特別是城市與工商貿易的發達，促成商人與中產階級勢力的壯大最為明顯。另一方面宋代的科舉已是相當開放的選拔制度，所以社會流動率極高，個人地位與成就也就普遍被承認了，這是以個人為對象的體相成為最流行的占卜之基本因素（Lessa, 1971: 365-374）。在宋代更由於印刷術的發明，所以我國體相最重要的著作也都是在此時期完成，這包括陳摶的痲衣神相，以及陳摶所集後為明代袁柳庄所改編神相全篇等書。加州大學的人類學教授Lessa先生曾就繼神相全篇而成的神相彙編（高味清集）的五百四十六個相例中加以分析，列出最主要問相的項目，包括如下各種：

功名：佔20.9%	官途：佔18.2%
財富：佔14.2%	壽命：佔9.3%
智慧：佔6.7%	運途：佔5.8%

所以Lessa的意見認為體相的流行與科舉的開放有極大關係，也因為這一基本因素，體相遂能自宋至明清不但盛行不衰，而且有更形普遍的趨勢（Lessa, 1968:191）

二、中國占卜的特色

㈠從人與神的溝通方法上論，我國古代的占卜都以人為操作方法求得徵兆為主，這包括骨卜、筮卦、擲筊等。在古代雖也有星象術的出現，如所謂陰陽家等即是，但這種觀察自然訊息的占術不久仍被筮卦之術所兼併，僅成為人為操作占卜的附屬理論而已（王夢鷗，民六十，頁512-518）。即使後來體相術的流行，可以說是著重於自然徵兆的一種占卜，但一般在體相之後經常附有許多人為的方法企圖改變既有的自然現象，這似乎仍有相當人為操作的觀念存在。換而言之，從溝通的原則而言，中國人與超自然溝通的方式實較著重於人為操作的方面，而不注重被動地觀察自然的訊息。

㈡我國的占卜因為文字因素的導入，已發展成為一種獨特形式的占卜，這在世界上其他民族中都無法找到這樣形式的發展。前文曾述及美國新墨西哥州墾荒移民的卜井，Vogt先生認為卜井是因為「不依賴他人」價值觀的強力支持而得以殘存，這種因價值觀的支持而得以鞏固的占卜，在一種程度上也許可與我國文字與占卜的結合有「對等功能」（functional equivalent）之意義。兩代的骨卜僅藉文字為紀錄，但已開文字導入占卜的先河，到了周代的筮卦，已有固定的爻辭為準，周易以及其後的連山、歸藏、太玄、易緯都是此類占卦的定辭，每一卦都利用文字以解釋意義，因此解兆的對象已從兆本身轉移到文字上去了，於是文字及其藝術形式的表達不但影響了占卜本身，而且有喧賓奪主的趨勢。這一情況在後期的籤詩占卜上可以看得更為明顯，籤詩不但用文字表達，而且加上了較通俗的詩的形式，因此其解釋可以因象徵意含的不同而有很大的變化，知識份子也就經常一卜再卜以領悟體會其義，到此他們甚至忘了占卜的本意，而是在把玩文字的藝術了。至於非知識份子一般更是視文字為神聖，所以占卜的結果用文字來表達，使其虔敬信仰的心理已不僅是對超自然而已，而是濃厚地帶上文字的魔力了。這種以文字及其藝術形式與占卜的結合，確使我國的若干占卜方法超越了占卜的本義，而成為人類占卜形式中最特出的一種。

(三)我國的占卜不但藉文字的力量增強了其效果的特殊功能，而且更進一步地藉文字的力量產生了整合文化的功能。從周易的爻辭，一直到晚近的籤詩都是把占卜的徵兆定辭化了，由於占卜是普遍通行在各種不同的階層與地區裡，可以說是無遠弗屆的一種傳通方式，因此占卜定辭中所蘊含的中國文化價值便得以無形中傳播開來，這種藉通俗方式將文化價值觀的傳播，不但在縱的時間形式上，同時也在橫的空間形式上，把中國民族與文化作一番緊密的整合與連結。藉占卜文字的力量，中國的文化價值觀在正式教育傳承之外，得以在無形中能夠貫穿數千年而有效地傳遞下去，同時，藉占卜文字的力量，中國文化的價值觀也得以傳達到廣大幅員的每一個角落，而且更重要的是藉這種通俗的形式，使原來在觀念上頗有差距的士大夫和知識份子與一般民眾，得以在相當程度內共同保有相同的基本價值觀。

(四)世界上歷史較悠久的民族其占卜方法的發展，大都是經由為群體而行的占卜，進而演變有為個人而行的占卜。為群體而行的占卜其功能主要在統合群體內部的意見並支持社會現行制度的發揮效力，為個人而行的占卜着重於消除個人的疑惑、安定憂慮恐惶的心理。在西洋的占卜史上較早時代都是以群體占卜為主，只有到文藝復興之後，個人地位的抬頭，為個人而占卜的方法才逐漸被重視，所的西洋的體相是在文藝復興以後才流行起來（Lessa, 1971）。我國的占卜也大致與這一發展的模式相類似，較早的占卜都以群體為主，一直到個人地位成就被肯定後，以個人為主的體相才逐漸出現。但是中國的體相發展卻較為迂迴，在戰國時代體相已萌芽，不過在經由秦漢唐等朝代，因為社會形態的緣故，體相未真正被重視，只有到了宋代，因為社會形態的趨於開放，體相才重新被重視而普遍流行起來。

（原載中華文化復興月刊第十一卷第六期，民國六十七年六月）

參考書目

王夢鷗：陰陽五行家與星曆及占筮，中央研究院歷史語言研究所集刑，第三十四本，第三分，民間六十年。

李亦園：祖靈的庇蔭——南澳泰雅人超自然信仰研究，中央研究臨民族學研究所集刊，第十四期，民國五十一年。

屈萬里：易卦源於龜卜考，中央研究院歷史語言研究所集刊，第二十七本，民國四十五年。

容肇祖：占卜的源流，中央研究院歷史語言研究所集刊，第一本，民國十七年。

凌純聲、芮逸夫：湘西苗族調查報告，中央研究院歷史語言研究所專刊之十八，民國三十六年。

張秉權：殷墟卜龜之卜兆及其有關問題，中央研究院院刊第一輯，民國四十三年。

董作賓：商代龜卜之推測，田野考古報告第一期，民國十八年。

羅振玉：殷墟書契考釋，民國十六年，上海。

Dole, Gertrude E.

1962 Anarchy Without Chaos: Alternatives to Political Authority among Kuiku, in Marc J. Swartz, Victor W. Turner and Arthur Tuden(eds.), Political Anthropology, Chicago: Aldine Publishing Company, pp.73-88.

Evans-Pritchard, E. E.

1937 *Witchcraft, Oracles and Magic among the Azande*. Oxford: Clarendon Press.

Goode, William J.

1951 *Religio among the Primitives*. Glencoe Ⅲ: The Free Press.

Lessa, William A.

1965 Somatomancy: Precursor of the Science of Human Constitution, in W. Lessa and. E. Vogt (eds.), *Reader in Comparative Religion*, 2nd ed. Evanston, Ⅲ.: Row, Petersen.

1968 *Chinese Body Divination*. Los Angeles: United World.

1971 The Context of Chinese Body Divination, in Mario Zomora, et al (eds.), *Themes in Culture*, Manila: Kayumanggi Publishers.

Malefijt, Annemarie.

1968 *Religion and Culture*. New York: The Macmillcm Co.

Moore, Omar K.

1957 Divination-A New Perspective, *American Anthropologist*, 59: 69-74.

Obayashi, Taryo

1959 Divination from Entrails among the Ancient Inca and its Relation to Practices in Southeast Asia, *Actas del XXXIII Congreso International de Americanistas*, Tomo I : 327-332, San José (Costa Rica).

Ottenberg, Simon

1958 Ibo Oracles and Intergroup Relations, *Southwestern Journal of Anthropology*, 1: 295-317.

Park George K.

1963 Divination and its Socia1 context, *Journal of the Royal Anthropological Institute*, 93: 195-209.

Vogt, Evon

1952 Water Witching: An Interpretation of a Ritua1 Pattern in a Rural American Community, *Scientific American Monthly*.

是真是假話童乩

本月七日南投縣名間鄉松柏坑受天宮發生三名童乩與助手因「坐禁」而死亡的事，臺北各報地方版均以頭號新聞予以報導，次日又有各種專欄專訪加以評論，同時內政部也下令臺灣省政府徹查命案發生經過及責任問題，一時「童乩」的問題成為公眾談論的熱門話題。對於從未在臺灣鄉間居住過的人不禁要問什麼是童乩？對於受過現代化教育的人則感到奇怪，為什麼在廿世紀科學昌明的現代還會有這些迷信存在，一般生活在鄉間常常看到童乩作法的人則要問童乩是不是真的？至於那些篤信神靈的人則會覺得納悶為什麼神明不保護祂的「部下」呢？而關心社會安寧進步的人則又要問我們對童乩的問題應該採取什麼辦法呢？對於這些問題，作為一個社會文化的研究者，總覺得有作某一程度說明的必要，但要回答這些問題卻不是三言兩語能說得完的，下文試就所列各節擬對童乩的問題加以闡述：

童乩是什麼？

是不是真有神附體？

童乩真能治病解難嗎？

什麼人去做童乩？

童乩問題應如何處理？

一、童乩是什麼

我國南方各省，包括福建、廣東、臺灣以及東南亞各地華僑社會中，向來流行一些替神靈說話或宣達神意的宗教活動。在閩南語的系統中替神靈宣示意旨的人可分為三類：1.童乩：用語言宣示神意者、2.扶乩：在沙盤上寫字宣示神意者、3.尪姨：替人找亡魂說話者。受天宮坐禁而死者據報載似屬於第一種的童乩，而我自己觀察研究較多的也是童乩，所以本文所談的即以用語言宣示神意的童乩為主。

「乩」是卜問的意思；而在古時候大致做乩的人都是年輕人，所以稱為童乩或乩童。一般相信神可以附在童乩身上並藉他的口以說話，所以又稱為跳神或神媒。替神說話的神媒並不是我國所特有的宗教現象，而是很多文明或原始的宗教都常見的，若干基督教派中有神媒的活動，在英文中稱為spirit medium，或借用通古斯話稱為「薩滿」（shaman）。

臺灣的童乩有男的也有女的，但是男童乩遠較女童乩為多。通常每一個童乩都認定一個神為「主人」，也就是會「降附」於他身上的神，有些童乩也可以有二或三個守護神。童乩作法大半都在廟裡，也有些童乩是在自己的家中作法，如此則在廳堂裡供奉他所拜的神。一般說來，童乩所拜的都是一些神格較低的神，如各種王爺（瘟神）、哪吒太子、保生大帝、開漳聖王、三山國王、呂仙祖等等。

童乩的作法普通可分為私人與團體儀式兩類。私人作法是應村民或附近居民的邀請為之治病驅鬼，也有請求解決疑難、問運途吉凶，甚至於求財找失物等等都有。團體的儀式則是在廟神誕辰或村中賽會時舉行，這時童乩則扮演甚為戲劇性的角色，經常用刀劍或釘球砍打自己，以致於流血滿背；有些則用鐵筋鑽通兩頰或用刀割舌，更有本事的甚至於爬刀梯，在南洋各地，更有睡刀床或釘床之舉。總之，在團體儀式中童乩藉這些「特技」的表演以顯示其有神力的護守，一面用以令觀眾信服，一面增加儀式的神異氣氛。

童乩作法時最主要的特徵是進入精神恍惚（trance）的狀態，也就是認為是神附在他身體上了。作法開始時，童乩坐在神壇前面，其助手（俗稱為棹頭）則點香燒紙錢，有的則擊鼓敲鑼，表示迎神之意。一會兒坐在神壇前的童乩開始一連串地打呵欠，漸漸地他的身體開始顫動起來，有時全身顫起跳離座椅，經過三兩分鐘之後，忽然他急遽地跳到神案前方，這時就認為神已降臨附體，童乩的助手就點上香，在壇前把香交給童乩並行「迎神之舞」，舞畢求醫的病人就可已開始諮問了。通常問答之時，助手在一旁協助，特別是「宣示神諭」之時，都經助手「翻譯」，童乩說話時都模仿他的主神的性格而發音，如哪吒太子則聲音細小，王爺則聲音粗暴，說的話並非真正不可懂，而是把有意義的話夾雜在無意義的語頭語尾之中，不懂得其竅門的自然要有人翻譯了。童乩治病通常給病人香灰符咒，有時也開點草藥，同時也說明致病原因，較複雜的並指示病人回家作各種措施。

二、是不是真有神附體

童乩作法治病最關鍵的問題是他認為有神降臨附在他身上，他所說的話並非他自己的話，而是神藉他的口以示意。因此問題的重心是在於是不是真的有神附體？從科學的立場而言，童乩作法時的精神現象是一種習慣性的「人格解離」（personality dissociation），在這一精神狀態下，童乩本人平常的「人格」暫時解離或處於壓制的狀態而不活動，並為另一個「人格」所代替，這另一人格也就是他所熟識的神的性格，因此並非真正是神降附在他身上的！

人類精神狀態差距的幅度相當大，大部份正常的人精神與行動都具整體性，但是有一些人的精神則不是很穩定的，而是很容易接受刺激或暗示即產生人格與精神意識的變化。這種精神不穩定的人在受到刺激與暗示時，其中樞神經系統對內外資料與訊息處理的方法，暫時失去以往的統一整合性，對思想及所表現的行動以及器官感覺的輸入都行高度的選擇性與壓制性，因此有人格解離與不同程度的意識上改變，同時在很短的時間內分離的狀態也隨時可復原。童乩作法時進入精神恍惚或狂奮（ecstasy）的狀態就是同一類的精神解離。童乩在作法開始時其助手的點香燒紙錢都是一種暗示，擊鼓敲鑼則更是一種刺激，他自己的打呵欠顫動在開始時也是一種自我暗示；作法經驗多的童乩則已成為習慣性的動作，任何刺激與暗示即可引起他進入失神狀態。在開始時其本身的意識逐漸減弱，自我的活動漸緩慢，生理上則血糖快速降低，終至於人格完全解離，在此時他的感官會產生各種幻覺，而在行動與語言上為另一種平常他仰慕而熟識的性格所代替，並扮演那個角色了。

另一種與精神恍惚狀態相關的現象是「舌語」，英文稱為glossolalia或talking-tougues。所謂舌語是指一個人在精神恍惚或人格解離時能講出一種他平常不懂的語言，但當精神恢復正常後，他又記不得講了什麼了。這種舌語的現象在全世界各地都可以看得到，種類也很多，古代若干基督教派也常見有這種舌語。一個人在特別精神狀態下，忽然會講他平常不懂的外國語或其他特殊語言，確是非常奇怪，所以被認為是神附在他身上說話。其實這種現象照樣也可以從生理或心理的反應得到解釋。凡是易於進入精神恍惚的人其生理與心理構造多少都有異於常人：當一個人意識暫停活動之時，亦即其正常控制中樞神經的活動有異於平常，此時在特定狀態下會產生另一種原始的反應，也就是說話的器官完全受反射中心的控制，而把一些平時儲存在下意識中的語音發出來，嘴巴的活動完全是自行動作，他個人則毫無所知，所以說出來的話他自已在正常情況下也聽不懂。自然這種下意識情況下所能說的語言並非他完全未聽過的語言，而是他容易接觸到的語言，雖然接觸但並不真正學習它，而是經由下意識儲存下來或無意地模仿下來，等到自己意識活動停止時，無意識模仿的部份就脫口而出了，這種非意識的活動，又可以進一步說明童乩在精神恍惚時為什麼忽然會變成別一個人的聲音而說出古怪的話，同時也可說明為什麼「扶乩」的「乩手」可能識字不多，卻會在恍惚時寫出不少的詩句。

再說童乩在進入精神恍惚之時，其末梢神經的感覺和傳遞都減弱，因此身體上即使有皮肉的割傷，也不會有很疼痛的感覺，這也就是童乩作法時敢用刀劍砍背、鐵筋穿頰的緣故，外表看來也許極為神奇，但用生理與心理的原則來說明就可以很瞭然了。

三、童乩真能治病解難嗎？

假如童乩不是真的有神附在他身上，那麼他是不是真的會為人治病？假如他不是真的會為人治病，為什麼會有很多人相信他呢？這是讀了前文之後有些人一定要問的問題。的確的，在臺灣的鄉間幾乎大部份的村廟都有童乩或扶乩存在，即使在現代化教育至為普遍的臺北市，據估計仍有七百多座神壇附有各種不同替神說話的人。為什麼在這麼現代化的城市裡仍會有如此多的「迷信」場所呢？要回答這些問題只有從社會文化以及心理的層次去尋求。

我和我的同事們曾經長期觀察和研究三個為人治病解難的童乩，他們的「生意」都很好，比方說有一位在臺灣中部的童乩，他是以「保生大帝」為主神的童乩，在民國六十年十一月的一個月中共有二百二十個病人「求診」。這些「病人」通常都是一些患有慢性疾病、平常小毛病以及精神病的人，很少有嚴重或緊急的疾病。而且很多「病人」中還有包括以一個人生病為代表的，「家宅不平安」、「運途欠佳」的情況，更有一些是家庭糾紛、子女出走、親戚鄰居失和等等的事。從這裡我們首先可以體會到所謂疾病在觀念上的差別，童乩觀念上的疾病是屬於整體性的，與人際關係有密切關連的，這與現代醫學所着重的生理的、個體的疾病是頗有不同的，由於這種觀念上的差異，自然會產生不同意義的治療效果。

如前文所述，童乩在治療時通常給病人香灰符咒，有時也開一些簡單的草藥，但是很重要的是他經常對病人解釋為什麼致病的原因。這些解釋疾病的原因都是屬於超自然性質和人與人之間的權利義務的範圍，換而言之，都是屬於傳統民俗信仰及人際關係的解釋。在上述我所研究童乩的二百二十個病例中，乩童對病人解釋致病的原因可分為以下幾種類別：

1. 死去親屬的鬼魂作祟（如沒有按期拜祭，沒有照生前囑咐分財產，沒有為她或他立後嗣等等），54例，佔27%
2. 風水問題引起麻煩，73例，佔36%
3. 非親屬鬼魂作祟，29例，佔14%
4. 被人做巫術，6例，佔3%
5. 八字不對，37例，佔18%
6. 其他，3例，佔2%

共計202例（另有18例無解釋，多屬小毛病）

童乩除去向病人解釋如上的致病原因外，又會囑咐病人或病人的家屬應如何如何去做以便化解鬼神之怒，由此可見童乩的治病是如何依賴民俗信仰以及傳統的人際關係規範，並以之作為後盾向他的病人解釋致病之因。而具有同樣信仰的人聽了這些解釋自然容易信服，再加上依照童乩的囑咐履行一些被認為未盡責做到的義務，因而心理上就解脫了很多，心理上的壓力解脫了，病自然就容易痊癒；何況如前面所說，找童乩治病的都是一些慢性疾病或精神疾病，更有許多是牽涉到整個家庭親族關係而引起的毛病，這些情形最能因心理上的解脫而霍然病除的。所以在這一層次上，童乩的治病實在有如現代的精神治療者對精神患者的治療；現代的醫生以科學為後盾，在他行醫之時患者對他已先有了信心，因此頗能加速其效果，甚而有藥未到而病先除之勢，傳統的治療者雖未有現代醫生的訓練，但他卻以整個文化傳統與信仰體系為後盾，因此對生活在同樣信仰體系的鄉民們也能產生很有力的解脫和穩定作用。

再進一步說，童乩的治病還有一項與現代醫生不同之處，那就是現代醫生在治病時他只能告訴病人是什麼細菌或什麼生理原因產生這種病，而他無法解釋為什麼是你生這種病而不是他生這病，可是童乩的治病照上文所說他解釋致病之因的情形來看，他雖不能很信服地說出病理，卻能很清楚地向病人解釋為什麼是你而不是他人生病原因，這種解釋對於一個痛苦憂慮的病人無疑產生很大的作用，這是童乩最能吸引人的因素所在，這也說明很多鄉下人為什麼一面找西醫一面也去拜神問童乩的原因，這兩種治療者是在不同的層次上發生作用的啊！

自然我無意要強調童乩和西醫有同樣的醫療效果，童乩可以在一些牽涉心理、精神方面的病症產生作用，但他對大部份的生理疾病是無能為力的，童乩真正能治好病的情形實在是很有限的，可是為什麼仍有很多人去求他呢？這就要回到人類心理層次的解釋去了。科學的實驗每每告訴我們人類的記憶有很大的選擇性，他總是把自己喜歡的或有利的事牢記起來，而忘掉一些相反的事。童乩治病如前所述確能發生若干作用，而那些被治好的例子就一直被宣揚作為有力的證據，但實際上在那些被宣揚的例子之後恐怕有更多沒治好的例子完全被遺忘了。

四、什麼人去做童乩

在談了這許多童乩治病的事之後，也許有人要問童乩是怎麼來的？這問題也是很值得說明的。我們在前面已說過，童乩這一類現象通稱為神媒或薩滿，薩滿（shaman）一詞是來自通古斯族，實際上通古斯族是出產神媒的正宗，最典型的神媒正是來自這一東北亞洲的民族。在通古斯族中假如有一個少年人很早出現精神萎靡多病，常會昏睡做幻夢的情形，即認為是神指定他做薩滿的徵象，他的家人就要特別保護他，並送到老薩滿那裡去學習，過了一段時間之後他就可以自己成為薩滿為人治病了。

從很多不同民族的比較，我們瞭解最早神媒的型式，應該就是這種先天性具有精神異常狀態的人，他們因為精神易於進入恍惚或狂奮狀態，並且易於幻夢，所以認為是神所託請的人，可以為神與人之間作溝通，並為人服務。一旦在社會中神媒被大家所認可，並成為社會所賴以治病解難的人，慢慢地這就會成為文化的一部份，這一文化也就對其他成員構成一種暗示或鼓勵，因此產生更多會精神恍惚的人來。我在馬來亞新加坡華僑社會做研究時，常常看到大廟會之時，童乩正在大行其法，廟外有些四五歲的孩童們也會忽然「跳」起來，和大人一樣進入精神恍惚的狀態，這就是文化暗示的作用，這些孩童後來就成為童乩的候選人，而為什麼用童乩的「童」字，在這裡就更為清楚了。

但是一個社會中假如缺少有先天精神異常的人，而後天的文化暗示又產生不出乩「童」來時，這就要用訓練的辦法來造成了。在這一情況下通常由神來挑選一些候選人，經過感官刺激剝奪的方法訓練他們如何進入精神恍惚的狀態，這正就是鬧成人命之「坐禁」或「守禁」存在的原因。坐禁在黑暗的房子裡又不吃東西，這是視覺與食物的剝奪，很容易導引進入精神恍惚的。平常在坐禁時仍有法師進出教以法術，這次受天宮的坐禁竟連空氣都不流通，實是錯失。

前述三種產生神媒或童乩的方法，可以分別稱為先天的、文化的和社會的三種，在一個有長久歷史的社會中，經常是三種方法並存的。我們前面敘述的臺灣中部的那一位童乩，在他年輕時就是一個精神不太正常的人，後來有人介紹他到保生大帝廟去醫治，漸漸地他自己也成為童乩了，這是靠近第一種方式的例子。前臺大精神神經科醫師，現任夏威夷大學精神醫學教授曾炆煋先生，曾在臺灣南部及北部研究若干童乩的個例，可其中有一位事前完全未出現有精神異常狀態，但因為家庭因素的影響，逐漸走上當童乩的路。另一位是女性，她雖有性格上的若干特殊點，但未表現出異常，後來也是因種種環境的壓力，變成了可以「跳」三種神的女童乩。這兩個例子可說是文化所造成的。至於受天宮坐禁的那幾個童乩，照報導看來則很明顯是要經由第三種方式訓練而成的。

不論是因什麼方式而產生的，臺灣和東南亞各地的童乩大都沒有受過較高的教育，他們的社會地位也不很高，除去在作法時，都不受人特別尊重。在正常情形下，童乩作完法都由病人自動奉獻一點錢作為報酬，很少有爭酬金的事發生。大部份的童乩自己也相信他的法術，但是也有少部份是存心騙人的。

五、處理童乩問題的一些想法

從上面的這些分析，我們對童乩的問題已有了基本的瞭解，所剩下的是關心社會進步的人以及行政人員所要問的：如何處理童乩的問題。前文我已說的很清楚，童乩是一種特殊精神狀態而不是真有神降附於他身上，因此對若干人來說，這種活動就是迷信，應該立即禁絕才行。從某一層次上說，這種「絕對理性」與「純科學」的看法是對的，但是處理社會現象，特別是有關信仰的問題，卻不是能如此直截了當就做的事。社會科學家與行政人員經常忽略了，處理一個問題與處理該問題有關的人之間是頗有差別的。

童乩雖不是真能靠神的力量來治病，但是它卻對若干人的身心產生穩定和解脫的作用，而且不必諱言在全省各地也有相當數目的人相信這一套，所以在沒有更「合理」的方法可以供給他們心理與精神的憑藉之前，要禁絕童乩等民俗宗教活動所引起的社會問題恐怕要比童乩本身的問題更為嚴重，這是處理童乩問題特別要認清的事。我個人的看法對這些與童乩有關的種種信仰與活動，除去那些明顯發生傷風敗俗，斂財欺騙以及藉宗教為名而行其他不正當活動者應予管束外，我們只能把它看作是傳統的民俗宗教儀式行為，面對於民俗宗教儀式行為的處理只有經由教育與導引的方法，才是治本而不致引起不良後果的辦法。

教育是一切不理性行為的剋星，因此也是破除迷信最積極的辦法，目前本省的教育已在我們社會的各階層中日益普遍，這將使種種巫術性活動從宗教生活的領域裡逐步減除，但是最可憂的是反教育力量的增大，這不但使教育的效果大打折扣，而且助長巫術性活動的出現。我所說的反教育的力量包括二方面，一方面指辦教育的人以至於政府官署仍然充滿迷信心態，一個校長上任不但要換一個「好風水」的辦公室，而且辦公桌也要擺成靠「山」面「水」的態勢，一個市長蒞新也要重修市府門前的噴水池等等，為人師表為民楷模尚且如此，我們怎能苛求鄉下老百姓不去問童乩呢？另一方面我所說的反教育力量是指充斥市場的「神機靈算」一類宣傳神異思想的書籍，這些書籍之一版再版至十幾版，而且流行於大中學生的圈子裡，不但嚴重地危害社會的健康心態，而且使本來已屬殘存的許多巫術儀式活動因得到「理論」上的根據而重形活躍起來，這才是真正最使人憂慮之處。

在消極性的導引方面，我仍然要重提前此我在中國論壇二卷三期所呼籲的文化下鄉運動。我認為與童乩有關的民俗儀式活動不但有穩定心理並作精神憑藉的作用，而且他們所宣揚的道理實在都是通俗形式的傳統倫理觀念，假如我們不看輕它是鄉鄙俚俗，假如我們希望移風易俗而使城鄉之間無文化的隔閡，那麼我們的文化機構就應該設法把這些民俗廟壇「納入體制」而妥加導引，這才是有效的處理之道。

（原載中國論壇第三卷第十二期，民國六十六年三月廿五日）

平心論「拜拜」

一

做社會研究人常常聽到兩種恰恰相反的怨言：一些地方政府官員或教育工作者常抱怨鄉下的農民說：「他們肯花大錢來蓋廟，但是捨不得出錢來起學堂」；或者說：「他們對社區發展的活動一點都不熱心，可是碰到迎媽祖或大拜拜卻熱衷萬分！」在另一方面，一般鄉下的民眾常常問：「為什麼在許多慶典時公所和派出所的人鼓勵大家去遊行，獅陣啊，鼓吹陣啊，武術隊什麼的都出來了，但是碰到媽祖、王爺，祖師爺生日時我們要熱鬧遊行一番，他們都不准了」？

這兩種相對反的抱怨的話，顯然是各自站在自己的立場上講話，彼此沒有互相溝通了解而產生的誤會。在這裡做社會研究和從事社會工作的人經常就要想，有沒有什麼辦法把雙方溝通、協調起來。

二

平常社會研究者和一些頭腦較清楚知識較豐富的鄉下農民們討論關於迎神賽會和拜拜的事，他們都有一些意見，這些意見較系統化地歸納起來，不外下面數點：

(一)「政府裡的人總認為『拜拜』是浪費的事，報紙上也常常跟著宣傳，說是某某鄉或某某村一次大拜拜『吃』掉數十萬元甚而數百萬元。報紙上所刊的或公所職員們所估計的數十萬或數百萬元也許是真的，甚而不只這一數目，但是要知道這是一年才一次，有時數年才一次的『熱鬧』。全鄉的人一年才一次花數十百萬元實在不能算是浪費，你說是不是？何況，就像在臺北市起碼有幾千個飯店餐館，他們一年三百六十五天都有人在『大拜拜』，他們每一晚上大吃大喝所花費的何止百萬元，為什麼不說他們城市裡的人是浪費呢？」

(二)「鄉下人每年一兩次的拜拜，實在是一種消遣娛樂的方法，農民們一天到晚都在田裡忙著，到了農閒的時候，大家聚在一起藉拜神的機會輕鬆玩樂一下，豈不是很好的事嗎？雖說現在有了電視，家家戶戶都可以利用電視節目來消遣，但是看電視是一家人的事，全『庄頭』的人一年裡聚在一起歡樂一次也是很重要的啊，你說對不對？」

(三)「我們經常藉拜拜的時候請請親族朋友來玩，尤其是嫁出去的女兒、妹妹、阿姑她們每年都等這個時候回娘家玩玩，同時也藉這個機會請『頭家』他們家的人來吃酒，聯絡聯絡感情。你知道親戚朋友總要來往走動才會顯得親熱，我們中國人最重倫理，親戚朋友多聯絡是很重要的，他們城裡的人會利用生日、滿月等日子請親戚來慶祝一番，我們鄉下的人就只有等拜拜時可以和親族們多聯絡了。還有政府提倡統一拜拜，我們也覺得不很理想，大家都統一在一天拜拜，豈不是沒法請客人了，那就失去聯絡親友的好機會，那樣不如不拜了！」

(四)「我們拜拜時都要殺『猪公』，全村的人比賽誰家殺的『猪公』最大最重，或者很多『庄頭』的人比賽那一庄殺的『猪公』最多，公所的人總覺得殺這麼多的猪是浪費的，其實猪殺了還是大家分着吃了，不在拜拜時候殺，平時也是要殺的呀，何況比賽的事也是很有趣的，大家比賽養猪養得又大又肥，豈不也是一種增產嗎？農會裡和四健會裡不是也常常比賽誰家的牛養得最大，誰家的蘿蔔西瓜長得最重，還有誰家的稻子產量最多嗎？這不都是增產競賽嗎？」

(五)「派出所的人最常說的是拜拜會酗酒鬧事打架，迎神遊行會阻礙交通，所以他們最不喜歡拜拜或迎神。其實年青人隨時都會鬧事打架，不如有一個時間給他們好好鬧一鬧，隨意開心一下，說不定平時就少鬧事了。還有我們也不懂，許多慶典遊行時交通都管制了，一年一度迎神妨礙一點交通也說得過去吧，你說對不對」？

三

以上所說的種種理由看來都是很正確的，但是提倡節約和改善民俗的人會說，不管理由怎樣正確，迎神拜拜總是迷信，無論如何應該禁止或改善。對於這一點，特別是關於迷信，我們研究社會文化的人，也有若干意見。

宗教的活動是否都是迷信，實在是很難說的，很多情形下宗教活動實是生活方式的一部份，更多情形下宗教是精神的寄託，這種說法我相信很多人都會同意的，因此宗教活動是否就是迷信，可以說實在是程度的問題。我覺得我們所看到的鄉間的迎神拜拜只是我們農民們生活方式的一部份，同時也經常是他們精神的一種寄託。我覺得我們的農民一般來說距離迷信的程度已經相當遠，我們的農民對科學技術的成就相當有信心，他們對於新品種、新技術、新肥料都爭先採用而無所懷疑，我們的農民對新的經營技術，對市場情報消息亦都廣為吸收，這比起一般開發中國家的民眾經常因迷信而拒絕接受新技術已不可以道里計，因此我們實在不必太憂心迷信的問題。只是鄉下的民眾無論如何知識水準較低，與外界接觸亦較有限，他們在喜獲豐收之餘，在安享經濟繁榮之外，他們仍然需要在精神上有所寄託，所以他們就很自然而然地以傳說的菩薩神明作為他們信仰的寄託所在。

人類之有異於動物者，在於物質生活之外，尚需精神上的寄託以為支持。對於知識水準較高的人，文學、音樂和藝術都可作為精神上的寄託；對於負有公共責任的一些人而言，則國家、社會、社區等觀念也可以作為他們精神上的寄託。但是，對於知識水準較低的鄉下農民們，文學、音樂和藝術對他們太高深了；國家社會和社區對他們來說又太抽象了，所以他們很自然地要依賴長久作為他們生活方式一部份的菩薩神明為精神上的寄託，對於他們這份感情，以及由這感情所產生的行動，我們不但不要加以厚非，而且更應該給予尊重。何況，在全社會的其他階層中仍有很多信仰其他種宗教的人群，他們也同樣尋求宗教信仰作為精神上的寄託，所以我們對鄉民的拜拜實在不能完全以迷信視之，不過問題只是在他們的行為與現代化社會、現代化生活如有所矛盾和衝突之時，應該作如何調協才好，這就回到本文一開始所提到的兩種相反的相互怨言的問題。

四

現代化社會生活的特徵之一是全體成員志願的主動的參與，例如推行社區發展，並不僅僅是政府指撥出一筆經費來修路、蓋公廁或建活動中心而已，同時也是要社區內的人自動自發地配合，使一切設計得以合理利用，一切活動得以維持而擴展下去。可是我們大部份的社區發展都是由上而下地執行，社區內的民眾真正主動配合而加「發展」的實在少之又少，這就是一般地方行政人員所抱怨的：農村的民眾不熱心於社區發展等公共事務，但對蓋廟迎神卻又爭先參加惟恐落後。假如社區行政人員了解問題的關鍵是在於國家、社會或社區等觀念太抽象了，對一般民眾太不容易有切身相關之感，而神明都能保佑他們，為他們解決心中的疑難，所以為他們所崇奉而付出感情，我相信他們就不致於太苛責，甚而願意尋求兩者之間是否有可協調之處了。

作為一個社會研究者，我覺得在國家建設的過程中，我們固然要努力把我們的社會推向現代化的路上去，但我們也不可忽視鄉民們的傳統精神生活方式，有時且可利用他們的傳統信仰作為過渡時期的橋樑，使現代化的制度更樂於被接受，更易於主動地推行。就以社區發展的工作為例，假如我們能沒有偏見地把村廟管理委員會與社區發展委員會合而為一，把社區發展辦公處設置在村廟裡，使抽象的現代化目標與其具體的傳統組織併合在一起，藉傳統的機構以產生轉移作用，這就會容易培養出社區的意識，使村民們志願地，主動地參與到社區發展的計劃中去。這樣利用認同轉移的方法來推行現代化的社會制度，實在不是個構想而已，我們曾看到若干實例，確實藉這方式把社區發展計劃推行得更順利，我們也相信，很多其他建設工作，也可以利用同樣的方式來達成更完滿的效果。

也許有人會說這是鼓勵迷信、開倒車。其實並不如此，很多國家推行發展計劃，都儘量地借助於原有的制度與習俗，以便更順利地達到目的，同時也使民眾更能在心理上不會發生推拒作用而容易適應。今天我們在臺灣，舉國上下正力求全民團結，因此我們如能重視許多人的傳統生活方式，並以之為橋樑，把政府和民間的精神目標，逐步協調而使之最終合而為一，這應該是很值得考慮的事。

（原載中國論壇第一卷第八期，民間六十五年一月廿五日）

祭品與信仰

我國民間信仰中的神靈世界實際上是完全依照人間的行政體系塑造而成：玉皇上帝就像皇帝一樣代表最高的權威，其下有三官大帝分掌天地水三界，再下則有各種帝君、祖師、王爺、千歲、將軍、太子爺等協助掌理各項事務。在地方行政系統上則都、府、川、縣、鎮各級單位都各有城隍，更小的地方則有土地公分別管理，甚而房屋有地基主、牛舍有「牛稠公」，床有「床母」，而陰司裡的組織亦有閻羅、判官、小鬼之別，真可謂系統分明，層次嚴謹。

神靈世界的系統與層次並非僅是一種形式的組織而已。而在奉祀者的心目中，各種不同神祇的等級也是有相當重要的差別的。其差別主要的標準在於與自己的「親疏遠近」，而表示這種差別的，則可以在祭祀用品及祭祀場所上很清楚地看出來。

對一般信仰者來說，祭什麼神用什麼物品，他們只是跟隨著一般風俗而做，並沒有真正意識到為什麼其間有所不同。其實，祭神時用不同的祭品是有相當深的含意的，是用象徵的方式來表達祭祀者對神靈的不同「親疏」關係與感情。我們假如把民間信仰中的神靈粗略地分為「天」、「神明」、「祖先」和「鬼」四大類，我們就可以看出崇奉的人對他們的態度是頗有差別的。「天」或者「天帝」是至高無上的，對這至高無上的神靈自然是非常崇敬，但是這種至高的崇敬的另一面卻又是遙遠、超然、不問人間俗事的，也就是「天高皇帝遠」的態度。「神明」包括一般的神祇，他們是可尊敬的，同時也是可畏的，經常直接控制人間的禍福。祖先是自己人，代表一種親密禍福與共的關係。鬼魂則是可怕的，表露一種即使不得不接觸卻也急欲避之的態度。這四種不同的態度可以從祭祀供奉的物品以至於祭祀場所的分別表露出來。下文我們用幾個項目逐步說明這些民間信仰中祭祀物品的象徵意義。

一、香火

任何中國式的祭祀神靈或與神靈接觸的場合，頭一個動作必定是點香。點香的意義是與神靈或超自然存在溝通，藉點香的煙裊裊而上象徵與天上神祇的交通。但是對各種不同類別的神所點的香則有所不同：拜「天公」所用的香最為隆重，不用一枝一枝的香，經常是用可以吊掛起來而繞成圓圈的「盤香」，對一般神明通常點三枝香，對祖先用二枝香，對鬼魂僅用一枝。對鬼魂用最少的香，是表示不得不與之交往，但是關係愈少愈好的態度。

香火不僅象徵溝通，而且進一步表示淵源關係，這就是一般稱為割香或分香的行為。天是高遠不問俗事的神靈，所以從來沒有「割」玉皇大帝的香之事出現；鬼魂避之惟恐不及，偶而點香祀之則可，絕不可引之而來，所以也從來不見有向「好兄弟」「有應公」之類的鬼魂割香之舉。割香或分香只見於一般神明與祖先兩類。分香的意思是從一個原始的神廟分出

「香灰」到別處供奉，而分出的廟在一段時期內又要回來重新增強香火淵源關係，這就是割香，這也就是「大甲媽祖」之所以要「回娘家」的原因。至於祖先的崇拜方面，當分家之時，或有遠遷情況，即把祖先爐的香灰分出，帶到新家以供奉。由此可見，分香割香象徵一種淵源關係的連繫，對敬而遠之的天與懼而避之的鬼則絕無分香割香的行動。

二、供品犧牲

民俗儀式中，利用供品犧牲以表達對不同類別神祇的態度，有兩對基本原則，那就是全部與部分、生與熟。用「全」來表示最高的崇敬與最隆重的行動，而塊子切得愈小，尊敬的程度隨而降低；用「生」來表示關係的疏遠，用「熟」來表示關係的熟稔和較為隨便。

熟識臺灣民間風俗的人大都知道拜「天公」一定要「殺猪公」，殺的猪公一定要整隻敬供，這就是表示最高的敬意；如同祭孔時，一定要以全牛全羊為犧牲，也是同樣表示隆重與最高的敬意。同時，全猪全羊自然都未經過烹煮，都是生的，也就是含有對祭拜對象一種遙遠關係的意義。

祭祀一般神明時，從媽祖、祖師到王爺、千歲等等，祭品可用三牲或五牲。但不論是三牲或五牲，大都不是完整的；特別是獸肉，都是一大塊，即使是鷄和魚，也不必一定是全的。而這些「不全」的供品，在祭供之前都稍加烹煮，但不是真正煮熟。這些都是表示對「天」以下的各種神祇較次一等的尊敬，同時也因供品犧牲的稍加烹煮而表示其關係的較為密切，與不問世俗事的玉皇是有所差別了。

再說供祖宗的祭品，大半都與家常菜餚無大差別了。供的魚肉大都切成可以食用的小塊，而且都煮熟了，不但煮熟了，有時還加以調味，這些都明白表示祖宗是「自家人」，完全以家常之禮待之，在敬意中帶有親暱的感情。

對於小鬼，態度就屬於隨便的了，自然談不上「全」與「生」，甚至也不講究成盤整碗，大都是一點白米飯加上一些菜餚就算了事，最多加上一兩杯酒就很好了。

三、冥紙

燒冥紙是民間祭儀結束時必需的一項行動，燒冥紙的種類也明顯地表達出對上述四類神靈的不同態度。我國民間儀式中所用的冥紙大別可分為「金紙」和「銀紙」兩類。一般來說，金紙是燒給玉皇及諸神明的，銀紙則是燒給祖宗和鬼魂的。但是其間仍有很大的差別，這差別可從下表看出來：

- 冥紙
  - 金紙
    - 盆金、天金——玉皇大帝、三官大帝
    - 壽金、割金——諸神明
  - 銀紙
    - 大銀（箔銀）——祖先
    - 小銀（透銀）——鬼魂

由此可見對四類神靈所燒的冥紙是有嚴格的分別的。對天神，仍給予最高的尊敬，所燒的盆金、天金有一尺六寸及一尺二寸之大，而且裝飾華麗，非供一般神明者所能比擬。燒給神明的壽金、割金等冥紙雖不及盆金、天金之大，但仍然屬金，含有相當尊敬之意。至於燒給祖先和鬼魂的冥紙都是銀紙，表示一種給予銀錢以供使用之意，其間雖有大銀小銀之別，但意義較為接近，因為所謂祖先與鬼魂的差別，完全是以自己為出發點，自家的鬼魂為祖先，別人的祖先則為鬼魂，其理甚明白。

四、祭祀場所

祭祀場所的差別也充分表現對上述神靈不同的態度。拜「天公」通常都在屋外，即使平常插香的「天公爐」也是掛在屋外的，這是表示「天」的超越地位，不能出現於人間世俗的屋宇內。拜「天公」時祭品不但要擺在屋外，而且經常要擺在正門外兩層的高案上，這也明顯表現出其崇高的地位。除去祭天不能在屋內，祀鬼也不能在屋內，惟其所代表的態度則異。對天是敬，對鬼則懼，避之唯恐不及，何能引到屋內來，就在屋外牆邊或者後門口隨便弄點食物祀之就可以了。能夠在屋內祭祀或奉祀於廳堂上的神靈包括一般神明和祖先兩類，這很明顯表示這兩類神靈與人的親近關係。

前面四點的分析，可用附表再加說明：

項目／神靈		「天」	神明	祖先	鬼
香火	形式	盤香	三枝	二枝	一枝
	分香	無	分香，割香	分香	無
供品犧牲		全，生	不全，半生	切割，煮熟，調味	普通熟食
冥紙		盆金、天金	壽金、割金	大銀	小銀
場所		正門，屋外，高起	屋內	屋內	屋外牆角

從上文的種種分析我們可以得知，宗教儀式實是一種象徵行為，藉種種象徵的觀念（溝通、生與熟、全部與部份）、物品（香、祭品、冥紙）、場所（屋內屋外、正門、牆邊）等以表達內心對不同種類神靈的親疏尊敬的態度與感情，而這種對各種不同神靈的態度與感情，卻又反映出家庭內外種種社會生活、人際關係的基本態度。

（原載綜合月刊，民國六十六年十一月號）

「唐璜的門徒」之外
——對神靈怪異作品的剖析

一

一九七一年美國有一本題為The Teachings of Don Juan的書出版，一時極為暢銷（註），後來臺北中國時報副刊以「唐璜的門徒」為題把它前半部翻譯出來，並由名人出版社出版為單行本，在臺北的市場上也頗為暢銷。「唐璜的門徒」是一個學人類學的美國學生跟一位耶奎（Yagui）印第安老巫師學習用痲醉草藥後與「靈界溝通」的故事，其第一部內容極為神奇，這也是被翻譯成中文的部分，其後半部則較屬於科學的分析，沒有被譯為中文，所以臺北讀者看到的只是該書神怪的一面，而沒能讀到其理性的部份。該書譯文出版後數月，不知道是否受到他的暗示，臺北也出現了兩三本類似的與神靈溝通的奇書，雖然其文字不能與前者相比，且內容極荒誕，可是竟然也十分暢銷，據說數月之間再版了不少次，而頗為一般青年人所喜歡。「唐璜的門徒」一書原是近乎科學的著作，即便是被譯成中文的部份，也可把它當作小說看待（有如同時流行的太空神奇小說一樣），所以對它的流行不必太為看重，但是看到後一類「神機靈界」的作品在年輕人當中流行，我們就不能不有所憂心了。這也就是我寫本文的動機所在，希望從研究宗教行為的立場作剖析，藉以說明「通靈」的真正情況。

二

讓我們還是先從「唐璜的門徒」說起。那個耶奎印第安人的老巫師教給作者食用的三種麻醉草藥，分別是「派藥提」（仙人掌的一種，俗稱Peyote，學名Lophophora williamsii）、魔鬼草（一種有毒的蔓陀蘿，俗稱Jinsoo weed，學名Datura inoxia）與蘑菇做成的烟（菇的屬名是Psilocybe）。這三種植物都毒性甚強，食用後會引起各種不同的感官幻覺，所以作者在食用派藥提仙人掌後覺得自己變成一隻狗，而真正跟狗在一起玩耍一起吠叫，並且可以透明地看到狗身體裡的臟腑。在食用和塗抹魔鬼草的膏糊後他竟然覺得像鳥一樣飛起來了。最後他吸食毒蘑菇製成的烟，使他更驚奇的是他竟能穿牆而過了。這些就是本書最神奇而引人入勝之處。

對西方人或其他民族而言，仙人掌等麻醉性植物所引起的感官幻覺確是一個未曾經驗過的世界，但是對印第安人而言，他們已有很多世紀的經驗，藉這些植物去認識未知的世界，並經常認為這是與神界交往的方法。實際上仙人掌在很多印地安宗教中都佔有重要的地位，在美國西南各州現在有一種相當普遍的混合宗教，一般稱為Peyote Cult，我譯之為「仙人掌教」。仙人掌教是印第安泛靈信仰加上基督教外形的教派，信仙人掌教的教徒通常是禮拜六晚上在教堂裡聚會，開始時都照基督敬儀式唱詩禱告，然後分食派藥提仙人掌，分食後因麻醉性作用大家就紛紛睡去，同時也因麻醉作用而引起許多幻夢。印第安人認為這些幻夢就是與神溝通，而夢中所見所聞就是神靈的指示，所以在天明之時，大家經過沐浴禮拜之後，就再聚集在一起，分別報告夢中的情形，並互相討論夢境中所代表神的意思。對印第安人而言夢中的事物都是真的，而且深信不疑，「唐璜的門徒」一書作者所描述的就是印第安人所信的另一世界的情境，也就是另一種文化的人所知的另一種存在。但是從科學的立場而言，這些都是因麻醉物質所引起的視覺、聽覺、觸覺以及筋力與伴覺的幻夢錯覺而已。

三

因藥物刺激而引起幻覺僅是人類在感官或精神上產生異常感覺的現象之一，除去藥物刺激之外，也可因生理的刺激如噪音、聲爆、強光、微波等，以及體能的剝奪如饑餓、乾渴或過度疲勞等引起幻覺或錯亂，同時在另一種情況下，人類也可因暗示、催眠、自我催眠或其他社會文化誘因而引起幻夢或異常感覺。但是不管其原因為何，很多不同的民族都把幻覺或其異常感覺當作是神的啟示或與神溝通，印第安人的例子不過是很多很多例子中的一種，在我國傳統農村社會中也常見有這種現象，最普通見到的現象是臺灣鄉下的「童乩」（北方稱跳大神）、「扶乩」和「尪姨」（找亡魂）等，而好事者甚至於套用「來生」「輪迴」「地獄」等民俗信仰而捕聲繪影地編成書刊，大肆宣傳神靈世界的魔力，實是很遺憾的事。

以臺灣鄉下甚為普遍的「童乩」為例來說，「童乩」最吸引人之處是他作法時的陷入半昏迷狀態，說出不易為人所懂的「神話」，以及更戲劇化地劈割自己的身體等舉動。對於一般人來說這些行為確是不可思議的，所以就會很自然地認為是「神」附在他身上才會有這樣的力量，其實這些現象都與上述的感官或精神異常感覺相類似。一般而言被認為是「神」附體的人所呈現的半昏迷狀態通稱為精神恍惚（trance），用更嚴格一點的術語則可稱為「人格解離」（personality dissociation），這種狀態可以由外界的刺激而引起，但是通常都是習慣性在開始時他們的身體會作顫動，這也是使精神進入恍惚的方法，經過身體劇烈的顫動後，其精神意識就逐漸減弱，生理上則血糖突降，終至於「自我」活動暫停而形成人格解離的狀態，在外表看來就是半昏迷或精神恍惚的情形，而在這種狀態之下，作法者會有各種不同的幻覺與幻夢，這就是被認為是神託附的現象。此外作法的感覺和傳遞都減弱，因此身上即使有皮肉的割傷，也不會有很疼痛的感覺，這也就是「童乩」作法時敢用刀劍砍背、鐵筋穿頰的緣故。外表看來也許是極為神奇的事，但是用生理與心理的原則來說明就可以很瞭然了。

另一種與精神恍惚狀態相關聯的現象是「舌語」，英文稱為glossolalia或talking-in-tongue。所謂舌語是指一個人在精神恍惚或人格解離時能講出一種他平常不懂的語言，但當精神恢正常後，他又不記得那時講了些什麼。這種舌語的現象在全世界各地都可見到，種類也很多，就所說的話語而分，包括所謂「古語」、「廢話」、「外國語」、「獸語」、「無意語」等等。一個人在精神狀態特別之下，忽然會講他平常不懂的外國語或其他特殊語言，確是非常奇怪的，所以一般人都要相信那是「神」附在他身上說話。其實這種現象照樣也可從生理和心理的反應得到解釋。凡是易於進入精神恍惚的人，其心理及生理構造多少都較特別而有異於常人，當他們進入精神恍惚之時，也就是其「意識」暫停活動。換而言之，其正常控制頭腦的活動停止發生功能，此時在特定的狀態下會產生另一種原始的反應，也就是說話的器官完全受反射中心的控制，而把一些平時儲存在下意識中的語音發出來，其嘴巴的活動完全是自行動作的，他個人則毫不自知，所以說出來的話在正常情況下他自己也不懂得。自然這種下意識情況下所能說的語言並非他完全未聽過的語言，而是實際上他容易接觸到的語言，雖然接觸但並不真正學習它，而是經由下意識儲存下來或無意地模仿下來，等到自己意識活動停止時，無意識模仿的部份就脫口而出了，這種非意識的活動，又可以進一步說明「童乩」在精神恍惚時為麼忽然會變成別一個人的聲音而說出古怪的話，同時也可說明為什麼「童乩」的「乩手」可能識字不多，但卻會在恍惚時寫出不少詩句，以及「尪姨」為什麼會說出很像已過世人的話。總之，很多人在精神恍惚狀態下會有幻覺或幻夢，也會有特殊的行動舉止，甚而下意識地模仿別種語言，這都是屬於特殊的生理心理活動，與「神靈」世界實在沒有關係可言。

四

暢銷的書籍對社會有很強的影響力，而暢銷的神怪作品則對一般民眾的信仰與處世態度更具左右的力量，神怪作品的大行其道其實是一種非常不健康的現象。近年來本省所流行的各種「神機靈界」作品，有人認為這是投機的作者與書商騙取讀者書款的行為，我個人不願用這種「卑下」的想法來加之於他們身上，我寧願認為他們可能是精神有異於常人的人，他們在一生之中的某一期間內可能受藥物的或生理的刺激，甚而有習慣性的催眠等等原因，產生幻夢幻覺或其他精神的迷亂，同時又由於民俗教義的暗示，於是認為有「神靈」對他作啟示，並自以為可以與神界溝通。

一般常產生幻覺幻夢而自以為可與神溝通的人，通常有三條路可走，最普遍的一種是為人定吉凶、算運途，甚而成為「巫醫」為人治病。另一種具有組織能力與宣傳能力的人，則經常組織新教，自成為有神助的教主，有時且形成很有影響的宗教運動。第三種可能是具有哲學思維或寫作慾望甚高的人，他們把幻夢中的夢境編寫成書，這也就成為我們所說的神怪著作了。神怪的著作因為迎合一般民眾的心理，再加上他們無法瞭解人類精神與感官上所可能產生的種種幻覺現象，也就為大眾所喜愛而流行起來了。但是假如我們瞭解那些自稱是神附體或者有能力與神溝通的人，實是一種精神上或感官上的幻夢與錯覺，我們就不會為他們所寫的神怪作品所迷惑，也就不會產生危害社會的不健康心態了。

註：除去「唐璜的門徒」之外，作者有三冊同類書籍出版。

（原載中國論壇第二卷第九期，民國六十五年八月十日）

再論諱的原始

一

避諱以及謚號的問題向來是史學家們所討論的，人類學者參與討論這一題目的首推楊君實先生。楊先生曾有兩篇專文論及諱，第一篇是發表於大陸雜誌第二十卷第三期的「康庚與夏諱」（楊君實，1960, pp.17-22），較近的一篇是以英文撰寫，發表於中央研究院民族學研究所集刊第三十期，為慶祝凌純聲先生七十歲生日的論文："Name Taboo and Confucianism: An Anthropological View"（Yang, 1970, pp.111-120）。在前一文中楊先生論證夏初三王的太康、仲康和少康的康字實為庚字之誤，所以三康實與商代諸王南庚、盤庚、祖庚同屬以日干為死後之號，由此他更進而認為我國古代的謚法不僅如前此學者所說的是始於商代，而且可以更早地推其起源於夏朝了。楊先生在後一文中論證更富人類學觀點，他認為「諱名實始於畏而非始於敬，更非中國所特有，避生人名於原始民族中分佈甚廣，以之與我國相較，進而參照我國民俗可知為恐生人靈魂受害，避祖先諱亦為原始民族所習見，證以我國民俗，可知為恐祖先降災」（Ibid. p.120）。

楊先生前後兩文的論點原屬相輔相成，似無衝突，但是自從張光直先生提出他的商王廟號新檢討後（張光直，1963, 1973），楊先生前後兩觀點則變成互相矛盾了。張先生對殷商王制的新看法在他最近一文中說得很清楚，可以說是包括兩個基本要點：(一)以十日干為名的習俗不是照舊說根據生日（或死日）而來，而是死後廟主的分類制度，廟主的分類反映活人的社會身份地位的分類。(二)（商）王室裡面有兩組主要的執政群，其一以甲、乙廟號為代表，其二以丁一個廟號為代表，兩組輪流執政。我們對張先生所說商王室由兩組執政群輪流執政一事不擬作討論，因為本文的目的並非討論商王室政制者，但是對商王死後以日干為名是一種廟主的分類制度，而非由個人的生日或死日前來，則認為可以肯定地相信了。就如張先生在最近一文中所舉的例子，在耶魯大學醫院中一九七三年出生的近四千個嬰兒，其出生的日子大致平均分佈於一週的各日，即使有差別，為數亦甚微，絕不可能大多數出生在一週或一旬的若干日中，而商王名制既以甲、乙、丁等日佔多數，所以甲、乙、丁等日干也就不可能是生日（或死日），而是一種既定的分類符號（張光直，1973, pp.115-118）。這一套分類符號雖未必一定像張先生所說的代表兩個或兩個以上的執政團，但是屬於一套既定的分類制度，而非個人所特有的名稱則無可置疑。在這種情形下，以日干為名制就不容易說是一種諱或謚了，即使要較廣義地說這也是種死後的名制，但也不能說是始於懼怕靈魂的現象。因此我認為楊先生如要維持他前一文的論點認為我國古代諱名始於夏商兩代，他說得放棄後一文認為諱名起於懼怕靈魂之說；相反的，如他仍相信諱源於懼怕鬼魂的習俗，那麼他就不宜於認定諱名起源的時代可以早到夏商之時了。

對於楊君實先生論諱的這種「兩難式」，我認為是由於沒有分辨諱、謚和廟號的不同，同時也沒有認清楚一種制度的「外顯功能」和「內在功能」以及「起源的功能」和「持續的功能」等兩對功能觀念的差別，而且也忽略了若干人類學上有關諱忌名字的（name taboo）基本理論。本文即企圖從上述各點對我國古代諱名的制度與習俗再作進一步的討論。

二

自來對謚法意義的解釋都以逸周書謚法篇為本，謚法篇原文所載是這樣的：

維周公旦太師望相嗣王發，既賦憲，受臚於牧之野。將葬，乃制作謚。謚者，行之迹也；號者，功之表也；車服，行之章也。大行受大名，細行受細名。行出於己，名生於人。

由此可見「謚」實是人死之後，後人就其生前行為的性質，亦即所謂「行之迹」，給予一個合實的稱號。從這一意義上看，商主的日干名號就不能說是謚了，因為甲、乙、丁等所代表的如上文所論是一種既定的分類符號，不管是否代表若干執政群，或代表氏族群，但屬早已定下的分類符號，則不是對死者個人行迹所給予的名號是無可置疑，所以不能說是謚。商王所用甲、乙、丁等日干名號是一種分類符號，但確實是死後才追給的，可以說是一種身後的名號（posthumous title），或是一種儀式名號（ritual title），所以應稱為「廟號」較為適宜。廟號在廣義上雖仍可說是謚的一種，但與逸周書所說的狹義的謚顯有不同。假如我們仍要說商代已有謚的習俗存在，我覺得屈萬里先生所舉商王中武丁、武乙、文武丁的例子似最正確，因為這確是就其生前行事的特徵而追命的名號，所以也合乎逸周書謚的原義。（屈萬里，1948, pp.223-225）至於夏朝的三康，即使如楊君實先生所說的是三庚之誤，那也僅是廟號而已，並不能說是謚，也不合適於說是諱。

說到諱，其原義又與謚不同，禮記曲禮說：

卒哭乃諱。註：敬鬼神之名也，諱辟也。生者不相辟名，衛侯名惡，大夫有名惡，君臣同名，春秋不非。

禮不諱嫌名，二名不偏諱。註：為其難辟也，嫌名謂其音聲相近，若禹與雨，丘與區也。偏謂二名不一一諱也。

逮事父母則不諱王父母。註：逮及也。謂幼孤不及識父母，恩不至於祖名。

禮記所謂卒哭乃諱，也就是表示喪服完成後即開始對死者的名避諱，所以諱顯是一種喪儀的禁忌，我想也就因為是喪儀禁忌，鄭玄的註才會說「生者不相辟名」。這一點正義解釋得更為清楚：

古人生不諱，故卒哭前猶以生事之則未諱。卒哭後，服已受變神靈遷廟，乃神事之，故鬼神之名，故諱之，諱避也。

從上面數段經文與註疏的解釋中，我們可以知道諱是一種喪儀的禁忌，也就是從喪儀的一段期中開始，死者的名字即被避去而不用。諱避不過是一種消極的行為，經文與註疏所說似乎僅止於這消極的一面，並未指出在消極行為之後，尚有進一步積極的行動，也就是說諱避之後並未有用另一個名字以取代原有名字的舉動，我想這一點應是諱與謚最主要的差別，在曲禮中所說的諱僅屬消極的諱避，而謚附則是積極地給予另一個名號，恐怕是到了後來消極的諱避才加上積極的「諱」。另外很重要的一點是生諱之說，曲禮所說的諱，明顯是指諱死人名，生人則不避諱。楊君實先生在上引前一文中曾據陳垣「史諱舉例」一書，認為避諱可分為二類，一為避生人名，一為避死人諱（楊君實，1960, p.17）。如照禮記所述，則避生人名顯然也較是後起的習俗。

三

楊君實先生在上引後一文中認為要解釋避諱的源始，應該用民族誌的材料來作比較，這是很正確的觀點，但是楊先生在引用民族誌材料時似有點捨近求遠，捨棄了一項他應該是最熟識的資料未予引用，那就是雅美族諱名的資料，這是非常可惜的。本節中作者即擬利用雅美族有關諱名的記述為基本資料加以說明，以便進一步解釋諱的源始與功能。

有關雅美族諱名的資料，以衛惠林、劉斌雄二先生合著的「蘭嶼雅美族組織」一書，以及劉斌雄先生的「蘭嶼雅美族喪葬的一例」一文最為詳細。茲先引用劉先生後一文有關諱名制的記述如下：

在死者家屬的面前呼喚死者的名字，便成為最嚴重的禁忌之一，即等於叫死者的靈魂回來。剛死的人靈魂尚未慣於新環境，正在懷念家人，這一呼喚無端地增加他的情緒，定必惹起殺身大禍，故報告人說，在這種場合死者的家屬可用長槍刺死喚起死者名字的人，至少可向呼喚者討取很大的賠償。故產生下述的諱名制度：

A在死者家屬的面前稱呼死者，應用親屬稱謂稱呼之。……

B在死者家屬的面前稱呼與死者同名者，……則改稱其副名，（或）用美辭代用之。

C不在死者家屬面前稱呼死者或與死者同名者……（因）死靈只能對其家屬加害，絕少與他人糾纏，故在這種場合無需諱名，可以直稱其正名。因此，與死者同名者也無需改名，實際上雅美族向無因病或同名者的死亡而改名的習慣（劉斌雄，1958, pp.163-164）。

在「蘭嶼雅美族的社會組織」一書中，衛、劉二先生記述對死者諱名的情形雖較簡單，但記述其他諱名的規則更為詳細。該書中第七章名制有關死諱部份的記載是：

冠詞Si是對活人的稱呼，對死者即使用另一個冠詞Simina來稱呼之。……雅美族畏懼死靈極甚，並相信語言持有靈力，故使用死者的冠詞Simina來稱呼活人是嚴重的禁忌……按其因，族人稱呼死者的名字原為嚴重禁忌，除非特殊需要絕不會上口……。（衛惠

林，劉斌雄，1962, p.108）

其實雅美族人的死者名字諱避風俗是該族中整個名制稱呼的一部份，為了解釋死諱在整個雅美族名制中的意義，茲再根據衛、劉二氏書中有關其他名制摘要說明於後：

雅美族行親從子名制（teknonymy），或更正確地說是行從長嗣名制。一個人無論男女在出生時都有一個（或兩個）名字，在他（她）未有子嗣時，一般皆用冠詞Si加在名字之前稱呼之。一個雅美族人無論男女在其長子或長女出生後，為父者即被改稱為Siaman（某人之父的意思），其後則連上其長嗣（長子或長女）之名；為母者即被改稱為Sinan（某人之母），再連上其長嗣名字。假如一個人已有了長孫或長孫女時，Siaman和Sinan二詞即被改稱為Siapun（某人之祖），其後亦連以長孫或長孫女之名。（上引書，pp.106-112）

雅美族的親從子名制從根本上看，實際也是一種諱名的制度，所以與前述諱死者之名亦有密切關連，凡稱為Siaman或Sinan的人，其長嗣如先夭亡，則其稱呼即改連次嗣的名字。若只有長嗣而無次嗣，或尚未有次嗣時，長嗣如夭折，其名稱即立被改回自己的原名，稱為Si某某，而不再稱為Siaman或Sinan某某，亦即從父母親的地位降為「自己」的地位。成為祖父母的人，假如孫子死亡，則Siapun的稱呼也同樣要改變，回到稱為Siaman或Sinan，再加上自己長男或長女的名字，亦即表示從祖父母的地位，降為父母的地位（同前引書）。衛劉二先生列表說明雅美族名制改變過程如下頁上方圖。

→sapun skotan 曾祖父母⟷siapun-lugui 高祖父母⟷(si kukui)

↓ siminapunkotan　　↓ siminapun lugui（死後之稱）

細細探討上述雅美族諱名的風俗，使我們一方面很容易聯想到禮記所說「卒哭乃諱……逮事父母則諱王父母」的話；另一方面又使我們記起人類學理論中常被提到的「儀式地位」（ritual status）的觀念。我覺得如要比較在時間上相距這麼久遠的雅美接與我國古代的諱名制，恐怕非先把儀式地位以及其一套相關說明清楚，比較的意義就不容易表達出來。

四

所謂「儀式地位」的觀念可以說來自於功能派大師瑞德克利夫布朗教授（A. R. Radcliffe-Brown）。他認為在若干社會中一個人在一些生命禮儀之間常常多禁忌，包括名字的諱避，以表示其正處於特殊的處境或正改變其社會地位。這種儀式地位的禁忌最古典的例子，就是布朗教授自己所調查的安達曼島人（Andaman Jslanders）的禁忌，安達曼人在孩子即將出生及出生後，其父母親的名字即被諱避，而只稱某某人的父親或母親；同時，一個死人的名字在喪服期間內也應禁忌，不得提起，（Radcliffe-Brown, 1952, pp.146-148），這種情形恰與雅美族的親從子名以及避死人諱極為相似。其實所

圖：雅美族名制改變過程

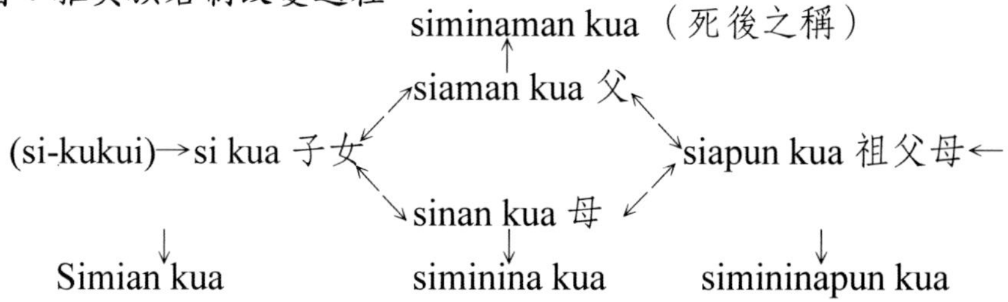

謂儀式地位的觀念若以法國學者Van Gennep的理論來說明就更為清楚。Van Gennep認為一個人一生要經過若干生命關口（life crisis），如生老病死、成年、結婚、生子等等，每經過一個關口，即進入一個新的社會階段、獲得一新的社會地位，為了順利通過這些關口，並表示其新的地位，就要遵守若干禁忌以示新與舊的隔絕，這就是以儀式行為來表示其地位轉變（Van Gennep, 1960（1908））。雅美族人在有子女時，即放棄自己的名字，而改稱某人的父親或母親，而當有了孫兒之時，即被改稱為某人之祖父母，這很明顯是表示其社會地位的改變，從一個無子女的人成為一個有子女或有孫兒的人是一項很重要的地位改變，同時也就因為這樣所以當子女夭折時，立即恢復原名（實際上是回覆地位），而當孫兒死亡時，某人之祖也就立即被降稱為某人之父或母，一點都含糊不得。在雅美族中與避生人名相類似並互為表裡的是避死人名，一個人逝世後其名字即避而不用，這表示其地位又經過一重大的改變；對死者而言，他已失去其存在的意義，對生者而言，其責任義務亦已改變。當一個雅美人失去其長嗣時，立即被稱為其次嗣之父或母，當失去其孫兒時，立即被降稱為某人之父或母，這是諱生抑諱死呢？實在是很難說了。在這裡「諱」只是儀式行為而已，而其真正的意義也就像Geertz夫婦描述巴里（Bali）人親從子名制所代表的身份地位轉變一樣（Geertz, H. and C., 1964. pp.94-108），同時也與Lévi-Strauss借用Needham所描述Penan人親從子名制是個人（self）與他人（others）關係改變的指標有相同意義（Lévi-Strauss, 1966, pp.181-188; Needham, 1954, pp.416-31）。Geertz與Lévi-Strauss所分析的，遠較Van Gennep更成熟，但其基本原理仍與Van Gennep的理論相近。

衛惠林和劉斌雄二先生在他們的著作中大致認為雅美族人的諱死人名是因為懼怕死靈（衛惠林，劉斌雄，上引書，p. 108，劉斌雄，上引文，pp.163-164），但未進一步說明其關係。雅美族人懼怕死靈是一項事實，他們對死靈的懼怕也許與諱死人之名有關，但是這種關係似乎不能完全用懼怕來說明。如上文所引劉先生有關喪葬文的描述，諱避死者的名字只在死者家屬在場時才有之，因為「死靈只對其家屬加害，絕少與他人糾纏」（劉斌雄，上引文，p.164），故死者家屬不在場時間無需諱死者之名。很明顯的，假如說是對死靈的懼怕，應該是非死者的家屬更懼怕，最少是大家都怕，而不致於是家屬怕非家屬則不怕，所以對死者的諱名，即使是由於懼怕鬼魂，這種懼怕也是一種關聯地位、責任和義務的懼怕，從這樣的角度看來，諱名在基本上是社會地位和義務改變時的一種儀式行為，面對鬼魂的懼怕只是這一類儀式行為中的連帶心理表現而已。

從人類學的觀點而論，諱名與儀式地位及鬼魂懼怕之間的關係，也許可以用「外顯的功能」和「內在的功能」（latent function）來說明（Merton, 1948, pp.61-66）。諱名，無論是諱生者之名或諱死者之名，其主要的功能都是表現社會地位的改變，表示舊的地位及義務的結束以及新的關聯的重建，這種藉儀式行為來表達社會地位的改變，是一種相當抽象的行為，其真正意義對雅美族人（或其他被研究的對象）而言他們是無法體會到的，這就是所謂「內在的功能」的意義。對雅美族人而言，反而是鬼魂的懼怕對他們最能深切的感受到，藉這種明顯的懼怕，社會關係的改變與維持得以順利而有效地達到，在此地，鬼魂的懼怕發揮了所謂「外顯的功能」了。

五

了解雅美族諱名的社會意義以及人類學理論對它的解釋之後，我們再回頭來看我國古代的諱和諡，也許就更能夠體會其真義。

前文我們曾說明禮記曲禮所說的「卒哭乃諱」的諱是一種喪儀的禁忌，在這裡我們更要進一步說諱是一種儀式行為，它象徵社會地位與社會關係的轉變，它所代表的意義與雅美族的避死人名並無二致。換而言之，諱的基本意義在於表達社會地位的改變，並不如前引楊君實先生所說的是恐怕鬼魂。雖然鄭康成註禮記卒哭乃諱時說是「敬鬼神之名，諱避也」，他也只是說「敬」，而未云「畏」。禮記檀弓篇也說「卒哭乃諱，生事畢而鬼事始已」，所謂生事與鬼事，很明顯說明一種地位的轉變，並未說畏鬼也。何況曲禮卒哭乃諱一句之後仍有「逮事父母則諱王父母，不逮事父母則不諱王父母」的經文，這很清楚是因社會關係的存在而有諱的行為，絕不可能是因為「不及識父母」就不怕祖父母的鬼魂了！

說明了我國古代的諱與雅美族的避死人名同樣是象徵社會地位與關係轉變的儀式行為之後，我們也許會要進一步問，照這樣說來，我國古代也應該有雅美族的親從子名的制度才對，因為這都屬於同一類儀式行為的不同生命階段的表達，有死諱應該也有生諱才與Van Gennep的生命禮儀理論符合。我國古代恐沒有制度化的親從子名制（馮漢驥先生遠在1936即有論中國古代Teknonymy的文章，但文中所謂Teknonymy與本文所論雅美族的親從子名制不同，只有在文末所引春秋公羊傳哀公六年「陳乞曰常之母」之例，可以說是親從子名，因常為陳乞之子（Feng, 1936, p.66）），而鄭註中也說「生者不相辟」，不過我國古代把生諱的意義表現在另一種生命階段之中。曲禮在記卒哭乃諱之前，有一段話：

男女異長，男子二十冠而字。註：成人矣敬其名。

女子許嫁，笄而字。註：以許嫁為成年。

檀弓也有同樣的一段話，而且更清楚：

幼名冠字，五十以伯仲，死謚，周道也。疏：冠宇者，人年二十有為人父之道，朋友等類不可復呼其名，故冠而加字。年至五十者，耆艾轉尊，又捨其二十之字，直以伯仲別之，至死而加謚。

這一記載把古代中國人生命階段的轉變所行的儀式行為說得很夠明白；我國古人雖不行親從子名以表示為人父母，但在成年之時，則另起一個「字」，原有的名就避而不常用，到了五十歲以上，「字」也避去了，以伯仲別之，表示又進入另一人生階段了，這種制度正是象徵社會地位與社會關係改變的儀式行為，這與雅美族人親從子名可以說是殊途而同歸了！

六

從上文各節中的分析，我們似可以對我國古代諱的源始以及其演變作一結論。我們可以說諱的由來是作為象徵生命過程中社會地位與社會關係的改變，這種象徵性的儀式行為表現在人生的最後階段可說是「諱」的最典型式樣，表現在成年則有「字」，表現在老年則用「伯仲」。諱死的行為也許與鬼魂的觀念有關，但並非其存在的根源，更不是由於懼怕鬼魂而避其名。

上述諱的形式，應該是我國古代諱的最早形式，後來諱的範圍逐漸擴大，變為諱生人名以示尊敬，這一改變也許如陳垣所說的「起於周、成於秦、盛於唐宋」（陳垣，1929，p.1），也許如王國維論謚時所說的起於宗周共懿諸王之後（王國維，1927，卷十八。），甚而更晚至於戰國之時。姑不論這一形式的改變始於何時，這一改變可以說把諱的功能加強而鞏固了，因為它配合了儒家的倫理精神，使人際關係的上下尊卑更有序了。從人類學的觀點說，諱的象徵社會地位的轉變，可稱之為「起源的功能」（original function），而後來改變成為表達尊卑之禮，這已是諱的「持續的功能」（persistent function）（Spiro, 1966, pp.89-100）。假如我們要把這兩種功能與上述論雅美族諱的內在外顯功能作比較，我想我國古代諱的「持續功能」與雅美族諱的「外顯功能」也許可以說是相當的，用術語來說是功能的對等（functional equivalences）。雖說是對等的功能，但是仍有其差別，雅美族要以懼怕鬼魂作為維持諱存在的方法，但我們卻以更合理性的倫理精神作為諱的持續設計，這也許有人要說就是「華夏」與「夷狄」之別吧。

最後也許該由到本文一開始時所討論的諱、謚及廟號的差別。嚴格地說，諱、謚與廟號應屬三個不同的「系統」；如上文所述，諱在最初只是對死者名字的一般性諱避，也就是周禮所說的「卒哭乃諱」。謚則是對死去的君主或有地位的人就其生前「行迹」給予一個稱號，其最早形式應是商王中的武丁、武乙及文武丁等。廟號又是給逝世的君王予「類別」的稱號，商王所用（或甚而早到夏代）的日干號即是。但是從較寬廣的立場來看，這三種不同的「系統」又都是對死者身後名稱的制度，似是同一制度下的三種不同表現，而且細究之下，我們也可以隱約地看到其共通性。要說明這種共通性，最好仍用雅美族的名制來作對此，就可以說明得更清楚一點。下表就「個人地位」的出現與否以及「與他人關係」的存在與否兩變項來說明之，表中「+」號表示變項出現或存在，「-」號表示變項不出現或不存

變項	中國				雅美族	
	死諱	諡	廟號	生號	死諱	親從子名
個人名號出現與否	-	+	+	+	-	-
他人關係存在與否	-	-	-	-	+	+

在。

從上表所列，我們可以看到在中國古代名制中除去死諱外，諡、廟號以至於生號都是給予個人一個新名號。但在雅美族名制中則不論是死諱或親從子名都是個人名字的消滅，不再給予新名號，而新的稱呼都是借他人的關係而表現，如某人之父稱Siaman，某人之祖稱Siapun，死者則稱某人已故之父或祖Siminaman kua等，這一種他人關係取向的制度則又不見於我國古代名制。因此，我們可以說我國的名制是一種屬於Lévi-Strauss所說的着重於「個人地位」（self position）的形式，這也可說明後世諡的應用漸鬆懈甚至及一般人，而諱的範圍也擴及於生諱的原因。至於雅美族的名制則是屬於Lévi-Strauss所說的着重於「他人關係」（other relation）的形式（Lévi-Strauss, 1966 p.187）。這兩種不同形式的着重，一種着重於「個人地位」，一種着重於「他人關係」，其表現於名制上似極細微，但是如把它看做是文化模式的主題表現，則其間相差又何能以道里計！

（原載中央研究院紀念蔣公逝世週年特刊，民國六十五年四月）

參考書目

王國維：遹敦跋，觀堂笑林卷十八（王忠慤公遺書本），民國十六年。

屈萬里：諡法濫觴於殷代論，中央研究院歷史語言研究所集刊，第十三本，民國三十七年。

張光直：商王廟號新考，中央研究院民族學研究所集刊，第十五期，民國五十二年。

張光直：談王亥與伊尹的祭日並再論殷商王制，中央研究院民族學研究所集刊，第三十五期，民國六十二年。

陳垣：史諱舉例，民國十七年，上海。

楊君實：康庚與夏諱，大陸雜誌，第二十卷第三期，民國四十九年。

衛惠林、劉斌雄：蘭嶼雅美族的社會組織，中央研究院民族學研究所專刊之一，民國五十一年，台北。

劉斌雄：雅美族喪葬的一例，中央研究院民族學研究所集刊，第八期，民國四十八年。

Feng, H. Y.

1936 Teknonymy as a formative factor in the Chinese kinship system, *American Anthropologist*, Vol. 38, pp.59-66.

Geertz, Hildred & Clifford

1964 Teknonymy in Bali: Parenthood, age-grading and genealogical Amnesia. *Journal of the Royal Anthropological Institute*, Vol. 94, pp.94-108.

Gennep Van, Arnold,

1960 *The Rites of Passage*, University of Chicago Press, Chicago.

Lévi-Strauss, Claude

1966 *The Savege Mind*, The University of Chicago Press, Chicago.

Merton, Robert, K.,

1949 *Social Theory and Social Structure*, Free Press, New York.

Needham, Rodney

1954 The System of Teknonyms and dead-names of the Penan, *Southwestern Journal of Anthropology*, Vol. 10, No. 4.

Radcliffe-Brown. Alfrde, R.,

1952 *Taboo, in Structure and Function in Primitive Society*, Free Press, Glencoe, Illinois.

Spiro, Melford

1966 *Religion: Problems of Definition and Explanation*, in M. Banton (ed.): Anthropological Approaches to the Study of Reigion. ASA Monographs, No. 3, London.

Yang, Conrad

1970 *Name Taboo and Confucianism: An Anthropological View*, Bulletin of the Institute of Ethnology, Academia Sinica, No. 30, Taipei.

神話的意境

著名的神話學家堪培爾（Joseph Campbell）曾說：「神話是眾人的夢，是溝通意識與無意識的橋樑……它是一種和夢相似的象徵符號，激發並支配人類的心理力量」。從堪培爾這段話裡我們可以說，神話是一種巧妙的文化產物，它不但表達了一個民族隱蔽在深處的理想與願望，同時其本身也在某一程度上滿足了這一理想與願望；在世俗的宇宙裡，若干願望與理想也許永遠無法滿足，但經由神話的幻想與象徵，這些理想與願望也就間接獲得滿足與導引。例如在我國古代的神話傳說中，很熟悉的主題是西王母的神話以及古聖先王的「無刑無訟，政通人和」的傳說，這些神話正表達中國人古人的兩項重要的願望與理想，那就是個人的長壽永生與社會的和諧安樂。在西王母的傳說中，長生不老的願望不但得以表達，而且藉西王母本身與「蟠桃」這兩種象徵符號而得以滿足了。在古聖先王的傳說中，不但說明理想的和諧政治與社會可以存在，而同時又藉了「麒麟」、「龍馬」、「洪範九疇」，甚至於八卦等象徵物得以具體化了。

可是，神話都是表達那麼遙遠的理想嗎？那倒也不見得。人類學大師克羅孔（Clyde Kluckhohn）就喜歡把神話和儀式放在一起看，他認為神話和儀式都是利用象徵的方式來表達人類心理或社會的需要。儀式是行動象徵，藉戲劇化的行動來表達某種需要；而神話是語言象徵，藉語言或文字的表達來支持、肯定，或合理化了儀式中所要表達的同一種需要。換而言之，儀式與神話經常是互為表裡，而用不同的象徵手法來表達同樣的意願。關於克羅孔的這一套看法，我們可以用寒食的「儀式」和介之推的「神話」來說明。

我國傳統的寒食節是在冬至後一百零三日或零五日，亦即清明節的前二日，在寒食的三天內不可生火熱食。在古代，寒食節開始之時，官方要命人敲木鐸宣布寒食已屆！全國人民禁止生火三天，在這三天內大家都吃生果之類的東西，不得熟食。三天過後，官方又命人用銅鏡或水晶反射陽光以取火，就是所謂「天火」，而不得鑽木取火，因為鑽木取得的火是「地火」，「地火」只有在第四天才能用之。傳統對寒食解釋的說法很多，有的認為是一種節儉的行動，有的認為是保健的原因，認為好讓消化系統有幾天休息的時間。其實寒食是一種儀式行為，古代人想藉這種儀式來象徵一年循環的重新開始；把舊的與新的隔開，希望有一個好的新週期。寒食的儀式在很多其他民族中都可見到，而且同樣有生「天火」與「地火」之別，也象徵著人間瑣事的結束與來自天上的「聖火」引導美好的開始。

藉寒食的儀式以象徵新的循環的開始也許是很有「文學氣氛」的手法，但是對一般人來說似是太抽象、太玄虛了一點，所以民間又流行介之推的「神話」來支持，或使之更「合理化」。相傳春秋時代晉文公重耳逃亡國外之時，他的近臣介之推陪了他一齊逃亡，路上糧食斷絕，介之推乃割自己的腿肉給晉文公吃，才不致餓死。但是當晉文公復國之後，卻把介之推忘了，沒有封他的官爵，介之推很傷心，就寫了一篇龍蛇之歌以諷刺文公，然後逃到山上去隱居起來。晉文公發現自己的錯誤後，就派人到山上去請之推回來，之推不肯出來見面，文公沒辦法就要人放火燒山，想逼他出來，可是介之推很固執，竟抱著樹木活活被燒死。文公因為覺得負情又把介之推燒死，心裡很慚愧，就令全國的人在是日（恰好是清明前二日）不得生火以紀念介之推的友情。晉文公與介之推的故事，也許是真的，也許是假的，但是不管是真的或是假的，古代的人卻藉著這人情冷暖的通俗「神話」來支持抽象的「寒食」，使一般人更能因此而接受，這與划龍舟以弔屈原的事跡有異曲同工之妙。

但是也許有人要問，神話是不是都是這樣「不食人間煙火」的呢？神話是不是都是那樣古遠的時代才能產生的呢？為什麼現代的人不會創造神話呢？其實這些問題都不盡然，因為現代的人也經常不斷地在創造神話，創造出神話來支持、肯定其行動，使他的「儀式行為」更合理化，你能說這些不是「現代的神話」嗎？幾年以前，南投縣埔里鎮有一次規模很大的「祈安清醮」，也就是一般所說的「大拜拜」。大拜拜之前三天，全鎮的人都要齋戒，齋戒的意思就是不准殺生，大家一律吃素，禁止肉食的意思。在齋戒開始的第一天，埔里鎮內忽然傳出一則「神話」，說是市場裡的一位外地屠夫，認為拜拜與他無關，因為他是外地人，可以不遵守不得殺生的戒律，居然在那一天清晨仍然殺豬賣肉，沒想到當這位屠夫剛在磨刀之時，一不小心竟然被那把他用了很習慣的屠刀割斷了他的大拇指。這屠夫到醫院去包紮傷口之後，路過鎮上，看到大家虔誠的心情，終於悟到這是他違了眾人的風俗而受到神的懲罰之故！

我國民間舉行重要祭祀儀式之時，一般都要行齋戒之禮，從象徵學的立場上論，齋戒與寒食都同樣是象徵性的儀式行為。寒食禁火三天，象徵新的與舊的循環的隔斷；齋戒禁屠三天，則象徵平常的日子與神聖的日子（做醮拜拜）的分開。隔段或分開的對象雖有不同，但以「空白」的手法來達到所要表達的意願則一。

寒食的儀式由來已久，所以有介之推的「神話」來支持，齋戒的儀式也許是民間的，而非官方的，所以沒有一節動人的故事來肯定之，或者是故事已失傳了。但是埔里鎮的人（他們也許「土」一點，但是他們卻是十足的中國人），他們終於傳出「屠夫斷指」的「神話」。「屠夫斷指」也許是真的，也許是假的，但是真假都不重要了，只要有這「神話」傳出來，他們齋戒儀式的意義就這樣被肯定了。

寫到這裡，忽然使我想起另一節神話——貪食獸饕餮的神話。中國人是一個好吃、講究吃、懂得吃的民族，我們吃的文化的精巧完美可以說是世界上少有其匹的，我們吃的行為可以說是繁複而不厭其煩的，在這樣的美食文化的民族中，所以會產生貪食獸饕餮的神話來支持肯定之。饕餮在古代的傳說中雖是一種有首無身的凶獸，但是它卻會吃，所以我們的祖先雖惡之而又愛之，把它當作裝飾的紋樣遍雕於各種青銅器物上，其喜愛的程度實超過厭惡之心，最少是一種嫌之而又不得不喜歡之情是很明顯的。而一直到今天，我們還常常看到美食家組成的團體仍要稱之為饕餮會，以肯定他們美食好吃的舉動。換而言之，只有在美食文化如中國者，才會有饕餮這樣的神話存在，饕餮的存在實是我們用來使我們的美食好吃的文化更為合理化。如此說來，饕餮神話的可愛，實在就像美妙的中國菜一樣可愛。

（原載中國時報副刊，民國六十七年五月十五日）

宗教人類學理論的發展

對於人類宗教信仰的比較研究大致可分為二大類，頭一類的研究是從事各種有經典記載的「高級宗教」教義的比較，這是一般所稱的比較宗教學。另一類的比較宗教研究是着重於人類基本宗教行為或超自然信仰與行為的比較探討，從事這一類研究的大都是人類學家，所以一般稱之為宗教人類學，以別於前述的比較宗教學。宗教人類學既然是以研究人類基本宗教行為為目的，所以它研究的範圍就要擴展到全人類所有不同的民族與文化，這與比較宗教學較重於有經典的宗教教義研究，在範圍上是頗有不同的。這種以全人類所有不同民族或文化為範圍，尤其是着重許多「原始」民族的研究，容易對人類最基礎的宗教行為作一徹底的探究，同時也可以把人類宗教行為可能的幅度都包括在內，而不僅限於文明社會的材料，這是宗教人類學研究的特色，也是人類學家與其他社會科學家或行為科學家最不同的地方。

一、進化論的宗教觀

十九世紀後半葉開始，人類學家即對人類宗教行為的基本形式作廣泛的探究，他們興趣重心在於宗教信仰是怎樣起源的，換句話說，他們追尋人類宗教行為最早的形式是什麼。人類學之父英國的泰勒（Edward B. Tylor）在他一八七一年出版的古典名著「原始文化」

（Primitive Culture）一書中，就有一大半是討論宗教信仰的各種形態。泰勒認為人類宗教信仰最早的形式是「泛靈信仰」（Animism）。所謂泛靈信仰是指人類把靈魂的觀念擴展到自然界，而相信一切的自然物質包括生物或無生物都有靈魂的存在。泰勒並且以為相信靈魂的存在是因為原始人從做夢的現象引發而來。他認為從泛靈信仰開始，隨著人類社會的進化，信仰的形式乃逐漸繁複，如鬼神信仰、多神教，最後才有文明社會的一神教出現。泰勒的這種宗教進化的思想，無疑是代表當時歐洲最流行的進化論觀點，這種以達爾文生物進化觀推衍而來的社會進化論，影響歐洲的社會思潮有大半個世紀，而在人類學理論上，其影響也至深且遠。

泰勒的承繼人馬瑞特（Robert Marett），在基本思想上是承繼泰勒的進化觀的，不過他認為泰勒所說的泛靈信仰並不是人類宗教信仰的最早形式，而認為在泛靈信仰之前應有一種以非人格化的超自然力為主的階段，他稱這種非人格化超自然力的信仰為「泛生信仰」（Animatism），由泛生信仰進一步才有人格化靈魂信仰的泛靈思想。

另一位十九世紀末葉的進化論宗教人類學者是弗萊則（James Frazer），他對宗教研究是以討論「巫術」和他的大著「金枝篇」（The Goldern Bough）而著名。弗萊則分巫術為兩種基本形式，即模擬巫術（imitative magic）和接觸巫術（contagious magic），但不管是模擬巫術或接觸巫術，都是根據一種自然的交感力而產生作用，所以他稱所有的巫術為交感巫術（sympathetic magic）。弗萊則的「相似」與「接觸」兩大巫術的原則，看來雖然簡單，但實際是道破了人類思維比喻的兩個基本方式，也開啟現代象徵研究的關鍵。弗萊則所研究的巫術雖然包括原始民族和文明社會的材料，但是他却認為巫術是人類宗教行為最早的形式。他認為在許多初民之中，他們並不能分辨自然的巫術與實證技術之間的不同，因此他叫巫術為「虛偽的科學」（pseudo-Science）。他認為要等到人類瞭解巫術力量的失敗時，才有以禱告祈求形式出現的「宗教」，而要等到人類文化進步相當程度，然後才有真正的科學技藝出現。弗萊則的這一連串巫術宗教和科學的演進階段，很明顯也是進化論的架構。

二、宗教信仰的社會心理基礎

二十世紀初年進化論的思想逐漸受到批評，在宗教研究上法國社會學派和德奧心理分析學派的思想，就代表一種對進化論的反應。法國社會學派以涂爾幹（Emile Durkheim）為代表，涂爾幹的宗教觀見於他的古典名著之「宗教生活的基本形式」（The Elementary Forms of the Religious Life）。對於涂爾幹來說，宗教信仰中的所謂神聖的東西實是一種象徵而已，這種象徵的對象就是社會。人們所崇拜的神，實是社會的象徵，所以拜神實是拜社會本身的一種外在表現。涂爾幹認為澳洲土人的圖騰崇拜（Totemism）是崇拜社會本身最早也是最易說明的例子。同一圖騰群的人，選擇一種物體（大都是動物或植物）為對象，共同拜奉崇敬，並認為群體與這物體之間有特殊關係，禁止與之直接接觸，且推廣之使同樣崇拜此物體的男女不得通婚。涂爾幹以為圖騰物本身並無特殊含義，只是「原始人」在經營社會生活時，對群體產生一種共同的感情，這種感情的表達便是以一種可以體會到的實物為象徵加以崇拜，所以崇拜圖騰實是崇拜圖騰物所象徵的社群。涂爾幹稱這種象徵性的社群情感為「集體意識」（collective Consciousness），換言之；涂爾幹對宗教的看法，認為宗教是鞏固社會生活的象徵性手段，而這種象徵性手段實是生活不可或缺的因素。

心理分析學大師佛洛伊德的宗教觀和涂爾幹有兩點相似之處：他也以圖騰為理論發揮的中心，同時他也以為圖騰只是一種象徵的表現。但是佛洛伊德認為這象徵是心理叢結的象徵，而非涂爾幹所說的社會象徵。他認為同一圖騰群的人共同崇拜一種圖騰物、禁止殺圖騰、並伸展至同圖騰的男女不得結婚的制度，實是個體發育史上一種弒父戀母的心理叢結——Oedipus Complex的象徵表現而已。換言之，佛洛伊德所代表的心理分析學派認為社會制度（宗教是其一）經常是個體發育史上心理歷程的一種表現，這種思想遙啟了近代人類學「文化與人格」學派的端倪，我們可在下文再申論之。

三、宗教的社會功能

不管是早期的進化論學者，或者是較後期的社會學派和心理分析學派，他們對於宗教行為的研究，都有一共通點，那就是追求宗教行為最早的源頭；泰勒的泛靈信仰，馬瑞特的泛生信仰、弗萊則的巫術以及涂爾幹和佛洛伊德的圖騰，都被認為是宗教信仰的起源，但是何者才是真正的起源，或者人類所有的民族是否都具有同一宗教的起源觀念，則是不易解決的問題，對於這種追求宗教起源的一種反應的思潮，就是「功能論」（functionalism）的出現。功能論的學者們認為一味追尋宗教的起源是徒勞無功的，宗教人類學者應該探尋宗教信仰的出現對整個社會發生了什麼作用才是有意義的。

人類學功能派的創始者是英國的二位大師：馬林諾斯基（B. Malinowski）和布朗（A. R. Radcliffe-Brown）。所謂功能在他們的觀念中是指一種社會制度對於該社會整體的存在所產生的作用，但是馬氏和布氏兩者之間所說的功能建構卻有不同，一般地說，馬氏所說的功能是着重於個人的、心理的，而布氏的觀點則偏重於社會的、制度的。馬林諾斯基以研究新幾內亞附近初步蘭島民的文化而著名，他發現初步蘭的漁民只有到風浪極大而漁獲不定的大洋中去打魚時，他們才做巫術以求平安而多獲魚蝦，但是在平靜的珊瑚內海去釣魚或叉魚時，因為風平浪靜而漁獲量固定，所以他們就不必做巫術了。馬氏認為從初步蘭島人之所以用巫術的例子看來，巫術（以及其他宗教儀式）的存在，很顯然滿足了一種需要，那就是彌補因為捕魚技藝不足而引起的憂慮與失望，因為巫術的存在使初步蘭漁民較有信心，較勇敢地與海洋奮鬪，這就是巫術對初步蘭社會的功能，而這種功能顯然是偏重於個人的、心理的。

另一位功能派大師布朗對馬氏的想法不表贊同，他引用他自己調查的安達曼島人的超自然信仰為論辯的例子。他見安達曼島的婦人在分娩前後的一段時期，一定要遵守若干儀式性的禁忌，包括不能吃猴肉和龜肉等等。布氏認為他觀察到的安達曼婦人並不真正是因為怕發生難產而遵守禁忌，而是因為服從社會的習俗才行禁忌，所以她們並非在儀式舉行前先有了心理上的憂慮不安，反而經常是在儀式舉行後，因恐禁忌儀式沒有完全按照應做的程序而做才感到不安。因此，布氏認為宗教儀式的舉行與其如馬林諾斯基所說的，是由於個人心理的需要，不如說是由社會制度的需要更為合適。宗教儀式的存在對布氏而言，是在鞏固社會規範，維持社會制度。

對於宗教儀式社會功能的探討，早在二十世紀初年荷蘭學者范瑾尼（A. Van Gennep）已有很深入的討論，他在一本題名為「生命禮儀」（The Rites of Passage）的書中，很精采地說明若干宗教儀式對於個人在生老病死等等生命的階段和關口（crisis）中所產生的重要意義。假如沒有這種儀式的幫助，個人及其關聯的社群，將不容易從舊的生命階段進入另一新的階段時，在心理上和人際關係上順利地通過，因此他稱這種儀式為「通過」（passage）的儀式。美國人類學家柴普（E. Chapple）和孔恩（C. Coon）認為，范瑾尼對個人生命禮儀的論說固然很具說服力，但儀式的意識除去對個人之外，對社會整體的作用也應着重，因此他們在「通過禮儀」之外，又創了「加強禮儀」（rites of intensification），以說明儀式對加強社群關係、整合社會群體的重要性。

現代新功能派的人類學家綜合宗教功能的意義分為三大類：(一)生存的功能，(二)適應的功能，(三)整合的功能。宗教儀式對一個民族社會所產生的功能，可能着重於其中一種，也可能包括三種功能於其中，有些民族其宗教儀式的作用主要為滿足其個人與自然的奮鬪，以求生存的需要，馬林諾斯基所描寫的初步蘭島的巫術即屬此類，也就是生存的功能的發揮。有時宗教儀式的功能着重於使個人在心理上得以調適，就如范瑾尼所描述的生命禮儀一樣，那就是適應的功能。但宗教儀式在很多情況又常可作為整合社群的手段，我國宗族中的祭祖儀式以及臺灣民間的迎神拜拜，都是很明顯地發揮整合群體的功能。上述三種不同的功能，在若干特殊社會中，又常可發現同時並存而發生作用。著名的人類學家克羅孔（C. Kluckhohn）在描述那瓦荷印地安人的巫術時，就說明巫術在這種印地安社會中對謀生方式、家庭關係以及社會制裁上發生了很巧妙的意義。

四、泛文化比較研究

功能學派受到最大的批評，是他們經常以分析一個社會的功能理論，要推展到全人類的社會，這確是方法論上的一個大缺點。近代人類學家在方法上謀求對這一缺點補救的一種，就是發展泛文化的比較研究（cross-cultural comparison）。所謂泛文化的比較研究，就是把人類學的理論用統計的方式證之於許多不同的社會文化情況。這種方法的基礎，實際上就是人類學的基本策略，也就是前文所說的宗教人類學是以全人類的宗教行為作比較的觀點，不過在方法上泛文化比較法有效地採用科學的統計技術，希望使研究的結果更具科學的說服

區分	懼怕鬼神程度低	懼怕鬼神程度高
侵略性處罰程度嚴格	7（民族數）	11
侵略性處罰程度鬆懈	10	3

力。

但是在說明泛文化研究法的意義之前，我們應先談到「文化與人格」的理論，因為泛文化比較法的研究有許多是利用文化與行為的理論作假設，而求證於不同民族的例子。現代「文化與人格」學派的人類學家對宗教行為的研究，大都有明顯的心理分析學影響，也就是着重於兒童教養方式與超自然信仰及態度的關係。換言之，他們與趣於社會化（socialization）的心理歷程是否投射而表現於宗教行為及信仰系統上。我們可以用一個研究的例子來說明這一抽象的關係。懷亭（John Whiting）和紫爾德（J. Child）兩人是研究這一方面問題的先驅者，在他們很多研究例子中，有一個研究是對兒童侵略性處罰情形與對鬼神懼怕的程度作相關的分析，他們發現這兩者之間有明顯的相關性，換言之，凡是對兒童侵略性處罰嚴格的民族，他們對鬼神懼怕的程度就較高，反之則較低。我們可以用上表加以更清楚地說明兩者的關係。

從這個例子來看，我們可知道泛文化比較法，利用統計的原則很明顯地說明了兩組行為現象的關係。由於這種處理，我們可以看出人類宗教信仰的行為基礎；不同民族對兒童訓練的方法，可以影響他們對鬼神的態度。實際上一個民族對鬼神超自然存在的基本態度，與他們的兒童教養方法確有密切的關係，這是人類宗教行為的基本法則所在。

五、宗教信仰的象徵結構

對於人類宗教行為基本法則的追求，近代人類學中結構學派（structralism）學者是代表最深層次的研究。結構學派是以法國為大本營，在源流上是師承涂爾幹的思想演變而成。法國結構人類學派的代表是李維斯陀（Claude Lévi-Strauss）。李氏和他的祖師涂爾幹一樣，對宗教信仰的研究都集中與趣於圖騰崇拜，如前所述，涂爾幹認為圖騰是表現社會的象徵，李維斯陀雖也同意圖騰是一種象徵系統，但是他卻認為圖騰並不是社會的象徵，而是一種邏輯思維的象徵，一種用以表達並傳遞思想的象徵，是「原始人」借用自然的分類（用動物植物做圖騰，這是自然的分類）來表達其文化分類（不同社群團體是文化分類）的方法。

但是，李氏的分析不僅於此，他認為在圖騰信仰中用自然分類系統以表達文化分類系統雖是「原始人」的制度，但是並不限於原始人而已，同時也見之於文明的宗教信仰之中。李氏認為印度人的階級制度與圖騰信仰實有異曲同工之妙，印度社會的階級有許多是以職業為分別的，以職業分別階級是一種文化分類，但是印度的階級都是行內婚的，也就是不同種階級的人不能通婚。不同階級的人被認為是不同種屬所以不能通婚。所以他們在此又利用了自然的分類，這種文化分類與自然分類的交錯，豈不與圖騰社會如出一轍，這也就是李維斯陀所追求人類社群生活的最深結構原則。

六、宗教變遷

人類宗教行為在變遷過程中的現象，也是宗教人類學研究的重要課題。在文化變遷的過程中，許多民族的固有宗教信仰經常受了外來宗教的影響；在若干情況下固有宗教與外來宗教互相混合，就形成宗教人類學中所說的「綜攝宗教」（syncretism），但是在很多情形下，外來宗教遠比固有宗教力量大時，固有宗教就受到壓制而面臨絕滅危機，在此時經常會有一種反抗的運動出現，企圖保存或延續固有的信仰，這種對外來文化的反應運動，一般稱之為「本土運動」（nativism）。

本土運動有許多不同的形式。從廣義上說本土運動是振興運動的一種，振興運動可分為文化振興運動與宗教振興運動兩大類，本文僅說明宗教振興運動。

宗教振興運動 Religious Revitalization movement
- 本土運動——鬼舞、船貨運動、義和團 Nativistic movement
- 綜攝運動——太平天國、越南高台教 Syncretic movement
- 創新運動——各種改革運動、各種救世主或千年運動 Innovative movement

宗教振興運動或本土運動有兩個重要的特色：頭一個特色是參加運動的人在心理上都是受到挫折或有重大憂慮的人，如前所述，本土運動發生於固有宗教受到外來宗教的排擠而瀕滅絕之境，在這種情形下一般人都會感到挫折憂慮。第二個特色是總有一個「先知」託言受神的指示來領導群眾參與運動。群眾本來已是受挫折而感憂慮，再加上「先知」的鼓吹利用，於是就形成狂熱的運動，參與者甚至不顧性命危險，冒死在先知領導下激烈進行運動，這些激烈狂熱的參與者，在宗教人類學上一般稱之為「虔信者」（true believer）。前表中義和團以及印地安人的鬼舞和美拉尼西亞的船貨運動是最典型的例子。所謂鬼舞是指北美洲印地安人因受白人文化的壓迫，已瀕臨滅絕地步，所以有一位「先知」，託言祖神指示要領導印地安人反抗白人，恢復自己的宗教，他們經常穿著粗麻衣圍著圈狂舞，認為這樣鬼魂就會來幫助他們，所以稱為鬼舞（ghost dance）。船貨運動是一百年來發生於太平洋美拉尼西亞的本土運動；美拉尼西亞人，因感到自己的文化宗教將要為白種人所滅，因此有先知起來登高一呼，要求他們的同胞參加運動，這種運動是要大家把現有的東西統統燒毀，一起參與狂熱崇拜活動，有了這些崇拜活動，他們的祖神就會把像白種人貨船運來的貨物一樣的源源送來，所以這種運動稱為「船貨運動」（cargo cult）。

鬼舞和船貨運動都是發生於原始民族之中，也就是原始民族因受白人的壓迫所產生的反應，這是屬於前表中所列的第一及第二種運動。但是在一些較文明的宗教中，經常也有一些不滿傳統教義而引起的改革運動，基督教中常見的千年運動、救世主運動以及很多特殊的教派即屬此類運動。這種運動也大多有一先知或教主作領導，號召信徒參與。先知或教主大半利用信徒們在心理上的挫折困難，同時用特殊教義加以宣傳，因此也就會產生狂熱或乖張的活動。這種運動有時過份狂熱甚而超越社會的規範，因而不為社會所容許。但是這些參與者都可說是「虔信者」，他們因心理上的挫折困難，企圖找尋解脫，再加以先知的誇張，因此就很狂熱了。對於這些「虔信者」應該寄予同情，雖然有時他們的行為超越一般社會規範，甚而危害了社會的平靜，不能不加以限制，但是我們應要記得他們在心理上都是受挫折或有不滿的人，我們在限制之外，應該特別加以輔導指引才好。

（原載中央月刊第七卷第十期，民國六四年八月）

貳、文化篇

當前社會文化發展的方向

我覺得要談到當前社會文化的發展方向應可分兩個層次來談，一個是近期的，這一方面因為要牽涉到社會的問題，我祇約略的談它，以免和後面兩位社會學家要談的重複；另一個是長遠的，也就是長期文化的發展方向。近期文化發展又可分為立即，也可以說是生死關頭的，和稍遠的兩項。立即的文化發展目標，就是抵抗共產主義，這是我們生死關頭的問題，我們現在文化社會型態的發展已經具有和共產主義對抗的相當力量，祇是我們做得還不夠多。我個人認為事實上祇要有兩種社會文化形態就可以抵抗共產主義，一是民主自由，祇有真正的民主自由，共產主義在這種環境就無法存在，關於這問題在座的易君博、陳少廷、張忠棟和胡佛諸先生都曾經說了很多了，我不必再多說。我僅要說的是也許我們知道什麼是自由，什麼是民主，但是我們還未能真正做到那一程度，假如我們的社會真正做到民主自由的地步，我想抵抗共產主義一定是能做到的。另一層次就是要做到均富的經濟，和福利的社會，關於這問題我不必多說，在中國論壇第一卷第五期中，于宗先生曾以他在瑞典看到的例子作了很好的說明，在瑞典那個均富的經濟和福利的社會裡，已經達到了共產主義所標榜要達到的目標，但瑞典所採用的是緩和的而不是激烈嚴酷的方法，如果我們也致力建造這樣的社會，共產主義就無法在這種環境得勝。

第二方面關於近期而稍遠的發展目標，就是如何建立一個現代化的社會，這不是立即能做到的，但是我們必須以建立一個現代化的社會為目標才可以立足下去。如何建立一個現代化的社會呢？我想提出五點應該做的方向來討論，並請在座的諸位多加指教。我以為要建立一個現代化社會，在文化社會發展方向上，第一點是要把我們的社會建立成為一個有機的社會，而不是一個機械的社會。我這是借用法國社會學家涂爾幹的名詞，所謂有機的社會，就是能容納不同的意見，容納異己的社會，也就是能夠有互補作用的社會。一個有機的社會包容兼納各方的意見，因此才能不斷往前進步，假如一個社會中每人意見都相同，那就是一個機械的社會，那進步就談不上了。

第二點：文化發展的方向應該是理性的。所謂理性的問題，中國論壇第四十三期知識份子的座談會中，我已經就理性問題有所說明，在這兒我就不多說了（見下文知識份子的歷史使命）。

第三點，我們文化發展的方向，應該是朝向一般性的，是所謂universalism，而不是特殊化的（particularism）。一個合理的社會關係，不是以個人的家庭背景、親緣關係來做決定的，而是根據個人本身的能力、成就來決定的；前者是屬於特殊化的關係，後者即是一般性的關係。這問題在社會學中有很仔細的說明，待會兩位學社會學的主講人或許會說到，我就不多說了。

第四點：文化發展的方向應是角色的特定性，而不是角色的蔓延性。這點在上次談孝的座談中也提到（參看下文孝在現代社會推行之道），兩個人之間的關係不能蔓延到無終止，例如中國古代的父子關係，父親無論在任何場合永遠是對的，子女永遠是錯的，這就是角色的無限制蔓延，這種無限制的角色蔓延而非特定的關係，是現代化社會發展最大的阻礙。

最後一點：文化發展的方向，應該特別着重世俗化，而不是神秘化的。正如剛才顏元叔先生所說，我們在如此神秘化的環境裡，應該特別注意發展世俗文化社會心態。以上五點，是我個人所想到的近期文化發展的幾部分，但都只是說到而已，沒有多加發揮，這是怕侵犯了太多社會學的範圍。

關於社會文化發展的長遠目標上，我覺得這是更重要的，所以我要多談一點。我覺得我們如要成為一個顏教授所說的文化大國，我們不僅在建立一個現在化的國家，同時必須是對整個人類的文化發展要有特別貢獻，才能成為一個真正的文化大國。什麼才是對整個人類文化的長久將來發展有所貢獻呢？要做到這點，我們就要把題目扯遠一點，先了解人類文化發展的過程是怎麼樣的。

我是學人類學的，人類學對人類文明的出現和發展有一套看法，這一套看法在現在不但為研究文明史的人所接受，而且對人類文化發展的前途很有啟示的作用。人類學家所說文明的出現共包括五種特徵：首先是能夠產生足夠糧食而成自我發展的經濟系統、第二個是有城市結構的文化、第三個是由分工發達而形成複雜社會階層的社會、第四是為應付這樣複雜分工，而有相當成為國家系統的政治組織、第五是這樣複雜文明之下，必須產生有文字、有曆法、有數學及其它象徵符號系統的文化。上述五種文化特質並非單獨出現於一個地方，而是在世界上六個不同地方，分別在不同時間發展出來。這六個地方包括小亞細亞、埃及、印度、中國黃河流域、墨西哥猶加教（Yucatan）半島和祕魯太平洋海岸河谷，在這六個不同地區發展，時間先後不同，如最早的小亞細亞可早到一萬年前，最晚的印加文化可晚至六百年前。但不論時間早晚，這五個特徵是連在一起，同時發展出來的。這表示，人類的社會文化發展到某一階段，具有某種必然的需要與條件才發展成一個新的階段，在這五個特質發明而相伴出現之後，我們稱該種文化為文明（civilization）；在未出現這些特質之前，我們稱之為前文明（precivilization）。這前文明的階段，一定有某種必要性，使它進入civilization。第一個就是人口的密集，打獵和採集方法已不足供密集人口，所以有了農業的發明，由農業發明而產生自我生產的經濟，能夠支持更多的人口，因而產生城市的社會，有了城市的社會，就會有更複雜的分工，就因此形成階層的社會，有了階層的社會，必須組織成國家，或更高的行政組織。同時在這樣的社會系統下，就必須有一套象徵的符號系統，如文字、曆法、算數來紀錄、傳播、計算複雜事件或記載儲存這些文化。換言之「文明」的出現是人類社會發展到一個特殊需要的階段，非有另一種形態的生產、社會、政治和符號系統不足以應付其困境，所以「文明」就以一個複雜的叢體併發出來。文明的出現是人類文化進化的一個重大階段，數千年來人類的社會就以當時的基礎繼續往前，而至於今日的科學、工藝是如此的進步，使人類的文化成為前所未有的龐大體系。但是到了今天，文明已到了形成相當危機的時候，這危機一如當初「文明」開始產生時的過程一樣，人口過分的膨脹溢滿至不能維持的地步，而由於人口膨脹就發生三種嚴重的危機：一、生態的不能平衡，二、人際關係的疏離，三、各種不同制度發展成為「暴君」式的專斷統制。人口的密集、食物的不足，對自然的榨取濫用，而產生了種種資源的危機，是我們現在面臨最大的危機。因社會的發展人際關係的複雜，工業關係的困境，使人際關係到了極端疏離，人與人之間關係是那麼冷漠、嚴酷，人際關係的疏離變成非常重要的問題。還有不僅是國家、及政治制度、甚至各種工商組織企業系統都是一種對人性專斷束縛的制度，勉強人類，勉強這人性去套在那嚴格限制的格子之下生存。不僅如此，經濟制度也同樣的，經濟制度本來祇是食物與資源的生產和分配，但是我們現在經濟制度的分配，卻另外為一種象徵貨幣系統和社會系統所控制，所以產生各種的貧窮和爭奪的問題。更嚴重的是我們像早期的文明開始，創造一些符號制度，而這種符號制度也像是專斷的暴君一樣加到我們身上。這就是電子計算機的發明。電子計算機幫助我們解決不少問題，將來更是要應用到更廣的方面。但Computer要照他的結構輸入一定的Program，這樣逐漸發展下去，人類的思想都要受到Computer Program的塑模，限制了人性的自我發展，最終要迷失我們自己，而使人成為機器或為機器所操縱。換而言之，我們在一萬年前為了解決當時的困境所發展出來的一套東西，到了今天卻每一樣都成為束縛、限制我們自己的東西，我們今天正如一萬年前導致「文明」出現所面臨種種困境的時代。所以人類學家認為，今日我們必須認清自己，給自己找出一適合自己的路，否則，這種因文明而產生的危機無法解除，這條必須進入的路他們試叫它為「後文明」（Post-civilization）。這是怎樣的一個階段，尚沒有人知道，但是我們比早期的人有思考，雖然受到枷鎖，但我們能事先有所體會，不像Precivilization進入Civilization時是無意識的。我們還在相當早的時期就知道到我們必須進入Post-civilization，才能解決人類的危機。這後文明到底是怎麼樣情形，我們尚不能完全知道，不過可以借用兩件事來稍作說明：頭一件事是有關一本書，這是E. F. Schumacher所寫的Small is beautiful.（中譯本譯為「美麗小世界」。遠景出版社出版）。Schumacher是德裔英籍的經濟學家，二次大戰時被英人逮捕下獄，他最近寫這本書因而聲名大噪，這書標榜是針對Civilization的過程所提出的警告，提倡反對現代文明的巨型、複雜的特化的科技組織，主張Intermediate technology，可譯為中級科技或小型科技，認為經濟制度應該以人為主，以人為出發點，而不是全然求利潤。超級科技、大型科技是一種浪費，消耗人類資源。人類社會應該和自然調配，人是自然的一部份，而不是另外一部分去搾取自然的。所以他說Small is beautiful。這書在美國引起很大的重視，表示對現代文明的思考、憂慮，而為它尋找一個出路的看法。

另一件事是關於義大利建築家Paul Soleri的故事。Soleri創造了一新名詞ARCOLOGY，所謂ARCOLOGY是把Architecture（建築）加上Ecology（生態）而成，主要目的是認為人類的建築應該配合生態。他在美國阿利桑那的沙漠，建立一個小城市ARCOSAN（參看下文「理想之城」），這城市裡他準備蓋一棟二十五層大樓，可供三千人居住，旁邊有一個green house（溫室）佔地四畝之大，這溫室小部分用來耕種糧食，主要是吸收太陽能，供這小城市使用。他和前述Schumacher共同點就是主張小城市，不但不剝奪自然資源，而且調適那沙漠的自然環境，吸收自然東西為己用，而不是破壞自然。它的目的是在重新安排人類城市生活，把自然、文化和人際關係勾連成很好的調適單位，Soleri這想法被美國人認為是瘋子而加以嘲笑，這做法或許不一定能實現，但表示了對人類文明發展的一種憂慮。由以上二件事我們稍微看到Post-civilization的一點影子。他們兩人的共同觀點，就是把人類看成是自然界的一部分，因為就進化論來講，人類即使有再高明的文化，也無法擺脫自然律的約束。文化祇是幫助人類進化，調適自然的一部分。他們二人的用意是把人和自然或人和人的關係調適得完美，而彌補、改善現代文明所產生的缺點。

我們中國人的文化，一向是調適自然的，認為人和自然是一體的，而不是對立的；人對自然是一種調適利用，而不是破壞。這是我們基本的宇宙觀，也是一種哲學。這種哲學就使我們文化發展有了幾千年的歷史而沒有產生困境，祇有目前西方的科技文明過程，才產生了現代文明的危機。像我們這樣的文化、宇宙觀，似適合貢獻給將來人類文化發展作一調適的重點。我們可以以這為基礎，使中國文化基本的哲學、宇宙觀，發展成可用的，引導人類超越文明，擺脫文明危機，進入Post-civilization，假如我們能做到這一點，我以為這是中國文化對整個世界文化的重大貢獻，而那樣就可以自認為文化大國而無愧。

（座談會紀錄原載中國論壇第五卷第一期，民國六十六年十月）

現代青年的文化責任

一

美國著名的人類學家瑪格麗特．米德（Margaret Mead）女士在她的一本小書「文化與承諾」（Culture and Commitment, 1970）中曾對人類文化的發展提出三個很有啟示性的分類概念：「回塑文化」（postfigurative cultures）、「同塑文化」（cofigurative cultures）與「前塑文化」（prefigurative cultures）。所謂回塑的文化，是指在前工業社會的傳統時代裡，社會文化的規範很少變化，兒童及青少年向他們的父母以及上一代的人學習一切技能、知識與觀念，而文化就這樣一代一代地延續傳遞下去。所謂同塑的文化，則是指在工業化社會的初期時代裡，一切社會文化，都開始有急遽的變遷，前一代的知識技能與規範則已不夠應付這樣的變遷，因此兒童及青年人只有向同一輩的人學習。所謂前塑的文化，是指工業化社會的後期以及未來的時代裡，一切的變局都前所未有且難於預測，因此大部分的文化規範與生活準則都要由新的一代來創造。從米德女士的這一文化發展的分類概念來看，青年人在現代急遽變遷的社會裡，以及在未來的時代裡，其對於文化的傳遞及創造實負有非常重大的責任。

但是對現代的中國青年而言，其文化責任又更重大，因為現代的中國青年在面臨這前所未有的不斷變遷的時代裡，一方面要維護我國傳統的優良文化，另一方面又要使之創新以適應現代與未來社會發展的需要。因此，現代中國青年的文化責任是如何選擇優良的固有文化而加以發揚，用以適應即將來臨的嶄新時代。在這裡，很明顯的其關鍵在於「如何選擇」上。自然我們不可能如開雜貨單一樣，用列舉的辦法，把那一些是優良的文化特質一一開列，即使那樣做，也失掉了「應變」的原意，所以我在這裡，只想就這一問題提示若干原則，以作為選擇的準備。

二

頭一個原則，或者更正確地說是頭一對概念準則，我要提示的是借用法國社學者涂爾幹（Emile Durkheim）的想法，那就是「機械的」（mechanical）與「有機的」（organic）一組概念。涂爾幹認為社會的結合（solidarity）可以分為兩種基本的形式：一種是機械的結合（mechanical solidarity），另一種是有機的結合（organic solidarity）。在原始或簡單的社會裡，社會關係極為單純，社會分工亦極簡單，每一個人所負擔的工作以及其生活方式都完全一樣或極類似。在這種純一的社會裡，人群結合的動力完全靠共同的意識，這種結合，涂爾幹稱之為機械的結合，換而言之，是一種單純、同一、無變化如機械的集合。至於在較複雜的社會裡，人際關係極為繁複，分工極為精細，因此整個社會的結合就像一個有機體一樣，每一個人就像有機體中的器官一樣，各自發揮功能，卻又互相依賴，互相補足，才能完成一個有機體的正常活動。複雜社會的有機結合既然是由許多不同功能的部份組成的，因此不同部份之間就必須互相容忍，互相忍耐，了解不同於自己的部份正是維持全體繼續存在下去的必然現象，了解不同於自己的性質正是使有機體富有彈性而能夠不斷變革的原因。這種能容忍異質的特性，正是使有機體的社會能適應於不斷變遷情況的主因。

從涂爾幹的這一組概念來看，很明顯的現代青年的文化責任之一應該是促進我們的社會成為一個有機的結合，選擇那些有利於使社會成為一個有機結合的因素加以發揚，主要的是要容忍不同的成份，容忍不同的看法容忍不同的意見，使成為一個極具彈性而能互相促進的社會，這樣才能適應於未來不斷的變遷。然而這一有機結合的概念，並非完全是西方人的想法，我國古代哲人早已有「和而不同」的說法（見論語），這一概念實與有機的結合至為類似，而我們所要發揚的固有文化，也就是這一類能適合於現代社會的文化精神。

三

第二個原則也是借用自社會學的一組概念，那就是「特殊化」（particularism）與「一般化」（universalism）的原則。所謂特殊化是指在傳統的社會裡，人與人的關係與交往都是基於既存的特殊關係，例如機構裡用人都是找家族成員，或是親戚朋友，再進而至同鄉同學或同宗。這種特殊化的原則，在傳統社會裡也許尚能應付，但是在一個現代社會裡，特別是在一個知識、技術變遷極為快速的社會裡，特殊化原則不但不夠應付，甚且阻礙了社會的發展。在一個快速變遷，講究知識、技能與效率的現代社會裡，所有的社會關係都依合理的原則，一切的工作分配與擔負都要依能力而決定，而不能依既有的特殊關係來判斷。這種依能力而非依身份的人群關係，就是所謂一般性的原則。

我們的社會現在正處於急速變遷而社會分工又極專門化的時代，這種急速變遷而分工細微且專門化的趨勢，在未來的時代裡只有愈來愈厲害，因此我們青年的責任，就是要盡量擺脫那種特殊化原則的人際關係，努力建立一般化人際關係的原則。

四

第三個原則我要提示的是理性的（rational）與非理性的（irrational）的分別。這一差別意義的分辨，較前二個原則更為重要。所謂理性乃是理智與條理的合一，條理是有秩序的意思，也就合乎一定的規則，但是合乎規則並不夠，因為既有的規則並不能適應變遷，所以條理是要由理智來指導的。理智本身是由思維而創造，也是不斷發展的，所以由不斷發展的理智來指導條理，就是理性，而這一理性也就是可以不斷適應變遷的。我們可以舉一個例子來說，一般不重於理智思考的普通人，認為遵守既有的規則就是合理的行為，但這樣的合理只是合乎條理，而不是合乎理性。要合乎理性，必須先用智慧來思考這些既存的規則是否適應時代的需要，如果是適當的，則遵守之，這是同時合存條理與理智，也就是理性的行為。現在社會上有很多人在理智上雖然知道那一些規則是行不通的，或是不合時宜的，但是卻假裝不知道，而勉強自己，甚至勉強別人去遵守，這就是典型的不理性（irrational）行為。

現代的青年在肩負文化發展的責任中，最重要的是要特別注重理性的開拓，不僅僅要做到有條理的地步，而且要不斷運用理智以辨別是非，認清合不合乎時代的需要，而只有這樣不斷地運用理智以開拓創造，才能使我們的社會適應於不斷變遷的境遇。

在我國古代對理性的說法雖不明顯，但卻有類似的意義，例如禮記上說：「禮也者，合於天時，設於地利、順於鬼神、合於人心、理萬物者也。」這裡所說的禮應是理智的產物，因為它是合乎天地合乎人心的結果，有了禮之後，就可以理萬物，也就是使萬物合乎條理而成為有秩序的世界。

五

我所要提出的最後一組原則是特定的（specific）與蔓延的（diffuse）兩概念。這兩個概念主要是運用於說明社會角色之間的關係的。所謂角色關係的特定性與蔓延性，是指其關係範圍有否限制而言。有些角色關係限制於特定的範圍內，超過範圍就不能發生作用了，例如雇主與雇員之間的關係郎是。但有些角色關係的範圍不固定而延及各方面，親子關係是最好的例子。

我們傳統文化中，親子關係的蔓延性是最無限制的一種。傳統社會裡，子代對親代的服從是無限制而非特定的，親代的權威是無所不在的，不管在任何情況下，親代甚至於尊長者的權威是無所不及的。我們可用一個比喻來說明這一點：在大學裡教書，我常收到同學們的請柬；學術討論會請我務必「光臨指導」，對於這請柬，我比較容易接受，因為無論如何我總是多學了幾年，多有些社會經驗，對於同學們的討論，不但願意「光臨」，同時也在某一程度內可以指導。但是，有時我收到一個土風舞晚會的請柬，也要我「光臨指導」，這對我是十分尷尬的，因為我充其量只能假裝會跳而「光臨」，卻實在不能「指導」，因為對土風舞我是一竅不通呀！但同學卻認為只要是老師，不管任何場合都應該居於指導或權威的地位，這就是沒有弄清楚角色關係的特定性與蔓延性。老師在知識上（或道德上）可以指導學生，但這種指導卻不可以蔓延到任何方面。可是這種角色的無限制蔓延卻是我們社會上常見的事。在此，我要強調的是，在角色之間，要限制其權威性的範圍，可以發揮的發揮，不能發揮或超過其能力的則應限制，如此才合乎現代社會人際關係的需要。

有很多人以為傳統中國子女對父母應絕對服從的觀念是孔夫子的教訓，其實這是一個誤解。孔夫子在論語為政篇所說的事父母要「無違」，誤會就出在「無違」二字。要知道孔夫子所說的「無違」，是「無違於禮」的意思，也就是「生事之以禮，死葬之以禮」的禮。這個禮與前面談到「理性」時所引的「禮」應是同義的，也就是合乎一定的規範而不作無限制的蔓延。

（原載幼獅月刊四十六卷一期，民國六十六年七月」

知識份子的歷史使命

我覺得知識份子最重要的歷史使命是不斷地開拓理性的行為。在歷史不斷的發展過程中，知識份子最重要的任務就是不斷地發展理性，以引導歷史所應走的方向。

但是什麼是理性呢？前人曾經說過，理性是理智與有條理的結合。所謂有條理，用英文來說就是合乎order，也就是有秩序、守規矩。可是有條理、守規矩並不就是有理性；一般人遵從風俗習慣、遵守制度、服從法律或命令，這樣做也許可以說是「好人」，比起那些不守規矩、沒有條理、破壞律法的罪犯來，這些守規矩、服從法律的人自然是好得很多了。可是好人並不就是合乎理性，因為風俗習慣、制度以至於法律都是因時因地而變的，特別是在今天社會變遷最快速的時代，很多風俗習慣經常成為社會進步的絆腳石，很多制度也經常阻礙了社會的發展，更有很多法律甚至成為保護少數人利益的規定，假如這樣墨守成規地一味遵守，豈不成為「老好人」了嗎？這怎能算是理性的行為呢？所以理性的行為在有條理之外還要加上理智的層次，有了理智才能對風俗習慣、制度、法律加以分辨，認明這些規範是否合乎時宜，是否值得遵從，是否引導社會走上進步合理的道路。有了這一理智的判斷之後，再做出有條理、守規矩的行為，那就是真正理性行為。我想這一點正是知識份子與一般人不同的地方，一般人對社會上的種種規範只一味地遵守，但是知識份子卻能運用理智，對既有的規範加以分辨，認定是有益社會上大多數人的需要的才行遵守，這就是理智加上有條理的理性行為。

但是也許有人又要問，怎樣才能真正選用理智以分辨是非呢？我覺得理智可包含智慧與理想兩成份。一個知識份子一方面要有敏銳的智慧，一方面也要有崇高的理想，這樣才能真正分辨是非，若只有智慧而欠缺崇高的理想，不但不能真正辨別是非，有時還會搞亂了是非，甚至於顛倒黑白。在歷史上我們可以看到很多知識份子，他明明有能力可以分辨那些制度法律是不利於社會國家的，但是他們缺乏崇高理想，一心想討好皇帝，為自己的利益着想，就昧了良心說那些法律是好的是對的，有的甚至助紂為虐，引經據典地為當道的律法或命令作解釋、找藉口，這種知識份子可以說是知識份子中的敗類，他們的行為不但有辱知識份子，而且連那些只知遵守成規的「老好人」還不如！

總而言之，我對知識份子的看法很着重於理性行為的開拓。知識份子要有崇高的理想，着眼於全國家全社會的利益，而不是照顧少數人的利益；知識份子要有智慧，能分辨那些社會規範是合乎時宜而促進社會進步的，有了這樣的明辨是非，然後付之於實現，即使威迫利誘，亦不放棄其崇高的理想，這才是真正的知識份子。在今天的時代裡，社會文化的變遷是前所未有的快速，一切的社會規範、社會制度都要不斷地變遷適應，才能配合上時代的需要。所以我們需要更多的知識份子，真正的知識份子，不是那些說好話的知識份子，我們才能不斷地開拓理性的行為，不斷為我們社會的進步產生動力，而引導我們的歷史走上正確的方向。

（座談會紀錄原載中國論壇四卷六期，民國六十六年六月）

文化變遷與文化復興

諸位女士，諸位先生：今天談文化變遷和文化復興，心裡覺得非常榮幸，但也覺得非常惶恐，因為這是一個相當大的題目，實際上恐非我能力所能完全兼顧得到，不過我將就這個題目中若干問題盡我所知向諸位提出報告，並請在座的前輩給予指敬。今天的題目可分為二部份，第一部份我要談關於理論方面的問題，第二部份就一些實際的例子來解釋支持我第一部份所說的理論。

先說文化變遷：文化是人類所創的，人類從二、三百萬年前開始成為人以後就有文化，到今天，文明發展到達了極點，顯然的文化是不斷的變遷，如果不變，我們就不能由三百萬年前的石器時代變遷到今天二十世紀的太空時代、原子時代。因此不論那一族、那一個國家的文化都是不斷在變遷，而不是停止的，這一類的變遷稱為文化的演化或進化，是一種屬於比較緩慢性質的，不是很短時間所能看到的，此為基本的變遷。但是文化變遷不僅只有這一種，同時還有許多不同的種類，尤其受人注意的是一些比較快速激烈的變遷。我們經常能看見的激烈的變遷有下面幾種：第一：環境的突然改變，住在此區域的民族不得不改變他們的文化來適應環境的變遷。第二：一些文化遭遇到外來強敵或征服者的侵略，因為受到壓迫而產生許多改變，這種改變是相當激烈而快速的。第三：也是最常說的一種文化變遷，這是指與外族接觸，外來文化不論是傳播或直接接觸而引起的內部改變，此種變遷更為激烈，更為快速。

剛才所說較慢緩的變遷對於個人心理上或引起社會上的調適較為容易，但對於後者急遽而強烈的變遷，所引起的個人反應、心理調適卻是相當激烈，有時甚至痛苦不安而產生不調適的現象。在此情形之下，最明顯的反應是對於自己文化的愛惜、保護，並想復興它而不至受外來影響而改變，此種反應稱為文化復興運動或者振興運動（Revitalization Movement）。振興運動不僅在今日臺灣才有，世界上許多不同民族，常常有此種運動產生，不過我們今天特別需要，因為今日我們處在一個文化危急時代，上述三種變遷我們今日都面臨到。下面我就這些危機，分別加以說明。

(1)近百年來，我們受西方文化衝激相當厲害，此為自古以來所未有的變遷局面，我們甚至喪失了文化自尊心，而懷疑自己的文化，此為第一種的危機。

(2)大陸上共產黨公開有意的毀壞中華傳統文化，想把中華文化從根剷除。

(3)今天我們在臺灣不斷努力更新，造成經濟上的繁榮、發達，但這不是一種普通經濟上的生長，而是整個社會各面均改變的經濟繁榮。近年來我們在外交上遭遇到種種挫折，但仍受國際友人的支持，就是由於我們在經濟上的奇蹟。但是這種經濟結構的改變所引起社會文化的變動也是空前未有的。

因此我們今日所面臨的文化變遷不是一般普通的變遷，而是把所有不同情況加在一起的變遷。也因為如此，今日我們所提倡的中華文化復興運動特別重要，特別有意義。同時一定要做成，因為只有在此運動之下，我們才能把我們民族的文化保存而復興起來。

下面要談談文化復興運動的型態。世界不同民族均有此類運動，但因環境不同而有不同的反應。振興運動（Revitalization Movement）就是當自己文化產生危機而想把它挽救起來的運動。這種運動文可分為三種型態：

(a)本土運動（Nativistic Movement）

在世界上較原始的民族經常有此種運動，當他們受高文化壓迫時，他們就想辦法恢復自己過去舊有的文化，最有名的就是十九世紀中葉大平原印地安人的鬼舞（ghost dance），印地安人受白人壓迫，地位低落，藉以維生的野牛（bison）均被白人打光，因此幾個先知告訴族人說祖先托夢，要大家參加運動，祖先就會帶回野牛，由於參加儀式必須跳舞，所以稱為鬼舞。這一類只求復古的運動從未有成功的例子，因為過去無法與現在的生活配合，同時他們用的為宗教、巫術等不理性的方法，其失敗原因，自然是相當明顯。

(b)綜攝運動（Syncretic Movement）

這是用自己一點文化作底子，而大部吸收外來文化，想重整而成為一新文化的運動。

此種運動，雖然有些有相當程度的成功，但最終仍然失敗，因為他們一方面復古，一方面借用外來的文化，此二種文化經常不能好好配合。因而產生衝突、矛盾。太平天國就是屬於此種，他們最後失敗就是因為他們無法分清什麼是自己的，什麼是外來的，二者應如何配合。此外他們仍使用宗教巫術等不理性的方法為手段，自然也是無法得到真正效果的。

(c)創新運動（Innoative Movement）

只有此種創新運動才能成功。就是把自己文化認清，並且復振而利用到新的方面。這類運動也正是蔣總統在一次中華文化復興運動中所宣示我們的：「故不按傳統空言現代化，則必失之妄，而墨守傳統不能適應時代的發展，自將為時代所淘汰，而必始終成為一劣等民族，因此文化傳統其不合於時代和環境者，故當改革矯正，而其為國家民族優良歷史文化者，則當審知其不變和可變的軌跡，融合時代和科學的精神，而與時俱興，並使之日新又新。」

此段話就是說明我們文化復興運動應該是一種創新運動，不是像本土運動一味復古，也不是把外來文化與自己文化未經消化的混在一起。而是應該把自己文化尋出可變和不變的軌跡，並配合時代與科學的精神而加發揚。一般人往往把創新和發明相聯，事實上創新的意義有許多，發明只是創新的一種，另一種創新就是把別的民族已知道而我們自己過去所沒有的重新利用，但最重要的創新就是把自己已有的東西尋出其「可變與不可變的軌跡」，並配合科學的精神加以發揮，此創新才是重要的創新，也是中華文化復興運動的精神所着重之處。

下面我將用一些實際的例子來說明我上述的理論，有些是我個人的意見，有些則是參考別人的看法，希望在座的諸位前輩多加指教。

(1)時間的觀念：西方人常批評中國人是一個不守時的民族，這一點我不贊同，中國是一個守時間的民族，只是守時間的意義不同。諸位知道，在早期中國人對於生辰八字非常注重，蓋房子上大樑，造船安龍骨，以至於喪葬婚禮等儀式均有一定的時間，甚至方向也要配合得非常好。因此時間的觀念在中華文化中佔有很重要的地位，只是我們把守時的觀念放在儀式性的節目（context）內，其餘的方面則比較不重要。今天我們所要創新的就是把這種已有的守時觀念，藉中華文化復興委員會推行的力量，使之用於今日現代化生活上，此種創新並不是發明的創新，而是把我們原有的文化轉換到一個新的環境上，此為現代生活的一個重要因素。

(2)成就動機（achievement motivation）：西方學者常批評我們缺乏成就動機，因此十八世紀後中國無法累積資本，發達工商業，而不能發展成為一現代化的企業社會。對於這一點，我們學文化科學的人頗不以為然。西方研究成就動機著名的心理學家David McClelland用科學方法比較世界各民族的成就動機後，也發現中國人是一個成就動機相當高的民族。這可用另一個例子來說明，在海外各地的僑胞們，他們大半都執當地工商界的牛耳，而與西方大企業家對抗。他們為中華文化的代表，他們之能在海外發展企業，可證明中華民族的成就動機是相當高的，只是我們與西方成就的目標不同。在南洋一帶，僑胞們離開本土，不再受本土社會文化的壓力，因此可把具有的成就動機應用到工商業的發展。但是我們在本土受到傳統社會的約束，我們一直認為讀聖賢書然後做大官，這才是最高成就的目標，甚至在今日臺灣仍承受此傳統，認為只有讀書才是成就，對於工商的發展或者是做對社會有益的事，我們雖然會稱讚表揚，但總不承認這是最好的成就。南洋的華僑把最高成就目標寄於工商業，所以可開創一良好的經濟局面，我認為我們應用社會的力量把這種已有的文化傳統轉移到不同的事業上，那麼我們成就動機的表現，絕不會輸給其他西方國家，這也是一種創新運動。

(3)關於經濟發展方面。今日我們面臨著經濟起飛的時代，這種急遽的經濟成長所遭遇的問題也相當多。經濟只是社會的一面，但是當經濟成為一切的主宰後，許多社會層面的問題都利用經濟的方法來衡量，因此有學術市場、文化市場之詞的出現，這也不是健康的現象。經濟為今日臺灣復興的基礎是無可疑問，但在經濟發展後所造成的社會問題也是值得大家思考的。如何擺脫經濟對社會各面的過份控制，我們又應該如何藉傳統和諧的人與人的關係、對社會的認識等來調適這種現象應是急切的問題。例如經濟繁榮所產生的最重要的問題就是貧富不均，論語上所說的不患寡、患不均的思想，或者如民生主義強調的均富社會的想法，都是在這種經濟變遷極快速的時代裡所更加要提倡的，而且目前更重要的是如何實行它，如何配合時代精神，把社會上此偏向改正過來。

另外一點就是關於中國的家族在經濟發展過程中所扮演角色的問題。從前許多學者，認為中國傳統的宗族或家族組織是妨礙現代化經濟發展的因素，因為現代化經濟是一種企業組織，必須唯才是用，而中國家族的組織是講關係，只要是家族的一員，不論你是否能勝任均予重用，因此這種惟情是用的態度對整個企業產生很大的妨礙。最近幾年，我們在臺灣面臨著企業發展的時代，因為這牽涉到我們本身的利益，所以社會科學家們收集資料，仔細的推敲，用實證材料作研究，企圖了解家族組織是否妨害現代化經濟的發展。對於這個問題不是一句話一個層次所能說明清楚的，至少要由二個層次來看，也許我們可以說在早期工業發展過程中，家族組織不僅不妨礙，反而有利於企業的形成，因為家族資本的累積，家族的同心協力、利害相關等因素，使得對於企業發展有益；但在後期，企業發展到不能用人來控制，必須用複雜科學方法、專業知識來管理的程度時，假如仍用傳統家族觀念來發展，那麼家族組織就成為妨礙。因此今日我們必須思考如何把傳統家族組織加以調適以配合現代化經濟發展，如此才能使企業走上現代化的道路。

(4)倫理的問題，這也為文化復興的核心問題，經濟及工商業發展的後果，人與人之間的關係變成有如機器對機器，無情冷漠互不相關的態度成為一種普遍現象，這也是大家所詬病的。我們如何利用傳統倫理精神來彌補工業社會所產生的人與人冷漠無情的關係，這是值得我們思考再思考的問題。一說到倫理，首先要說到孝的問題。要討論孝的問題，先讓我們再引蔣總統的話來說明：民國五十五年，總統蔣公提倡中華文化復興運動，曾指示倫理、民主、科學是中華文化復興的三個基石。陳大齊先生曾進一步說明倫理、民主、科學並非三個獨立不相關的基石，而是彼此融混在一起的基石。換而言之，民主不僅單指政治方面的行動，而是把民主精神發揮到社會上；科學也並非要我們只着重於科技發展，而是把科學精神用到整個社會各面。瞭解了倫理、民主、科學共開一體的精神之後，我們才能繼續談到孝的問題。我們今日通常所說的孝與孔子時代所說的不盡相同，孔子說，孝就是無違，孝是「事父母幾諫」，孝也是：「生，事之以禮，死，葬之以禮，祭之以禮」，孔子並不提到天下無不是的父母，也未提到孝之外一定要順。孔子所說的孝，就是父父子子，也就是父母子女按照其一定的角色（role）去做，他沒有說父母一定是對的，甚至父母有錯，做子女的也可用緩和的方式來勸解（也就是幾諫之意），這樣的孝才是倫理的真諦。也正如 蔣總統所說的，倫理的精神必須有民主的精神相配合。父母子女在輩份上有尊卑之分，但在人格上是平等的，這就是民主的精神用在孝上的表現，做子女的辨明什麼叫做孝，什麼叫做順，這就是科學的精神。倫理、民主、科學三個基石表現在孝的方面就是這個意思。如果把中國古代的倫理精神用民主、科學的方法來發揚，這樣的倫理才能用諸於現代的社會，才能補足工業發展所造成的人與人冷漠無情的關係，並且推廣到世界其他工業國家，使他們人與人之間的關係也有所改善。

(5)宗教問題：宗教在中國人的生活中只佔一小部份，而西方人把宗教當做生活的全部，此與中國人不同，同時中國人在過去五千年的歷史上從未發生如歐洲十字軍東征一類宗教的鬪爭，也無宗教的爭執。中國人對神的存在採取容忍的態度，各種宗教傳入，只要不相衝突，不改變干涉我們生活的方式，我們就接受容忍之。如果想要改變我們生活的全部，廢除祖先崇拜，這不僅違反中國傳統精神，也違反中國容忍的態度。我認為此種容忍精神應該再發揮。我們知道，一個現代化社會的標準就是要能容忍別人的意見、想法，如此而來，把這種中國固有的容忍歧見、接納異己的美德發揚出去，我們的社會才能走上現代化。

談到宗教，就牽涉到傳統的風水觀念。用現代知識來看風水可以說是相當迷信的，但是我們如果能剝掉迷信的外衣，我們可發現這代表許多重要精神所在，它是中國人基本的宇宙觀、生存觀。風水可分為陰陽二方面，陰風水指墓地而言，而蓋房子等則屬於陽風水。風水觀念發展到後來是有很多迷信附加進去，但不可否認最早這是中國人的基本哲學，也就是維持人與自然、超自然三者之間的和諧關係的哲學，或進一步說這就是西方學者所謂的生態學（ecology）的原則。地球上任何地區的生物群體均維持一種調協均衡的關係，若打破均衡關係，就產生很嚴重的問題。早期，共產黨在大陸上推行農業，發現麻雀太多，穀物損失很大，於是命令在大平原上每個村子的居民拿菜鍋、銅鑼、大鼓拼命地敲，趕走麻雀，整個大平原都是聲音，麻雀無法休息，只得拼命飛，最後掉在地上死了，那一年，農作物的確豐收了；但是第二年，蝗蟲來了，因為麻雀是吃蝗蟲的，麻雀死光了，蝗蟲自然多了，因此產生很大的災害，這就是宇宙均衡的基本原則破壞了的後果。人類只不過是宇宙當中的一份子，如果隨便改變此一自然的均衡而不採取彌補的方法，是一個相當大的不幸。今日人類正一步步的走入此陷井，西方文明過份榨取自然，而破壞自然均衡，空氣污染只是其中的一種，其他則有更多破壞自然系統均衡的行為，這些都是不能了解宇宙基本運行的原則所致，而中國的風水在基本精神上卻是利用人的力量來維持與自然、超自然之間的和諧。這裡面除去人、自然、超自然三因素之外最重要就是時間的觀念。這又回到我前面所提的時間觀念，就古人而言，一個人的命運、宇宙的運行在時間上都有一定的，假如破壞其關係，或產生衝突，都會引起一連串的不均衡，因此維持此一系統的均衡是最重要的工作，這些都是表露出中國人一套的生活態度，也就是來維持宇宙以及人類社會的和諧。今天我們如仍能夠深深體會了解這些文化遺產，努力剝除那些不理性的部份，提倡那些基本精神之所在，更進而發揚之，不僅對中華文化復興有重要的意義，同時對整個人類的前途也有重要的關係。

（演講紀錄原載中華文化復興月刊第九卷第十二期，民國六十五年十二月）

文化復興運動應下鄉

推行文化復興運動是我們近十年來重要的文化政策。文化復興運動的目的在於重振我國文化傳統，並使之更發揚光大。這確是一件很重要的事，同時也是一件一定要做好的事。因為，在大陸上我們的文化傳統正受到摧殘，在海外各地華僑社區裡，中國文化也面臨著推拒與排除，而只有在臺灣我們可以依靠我們自己的力量與意志，使我們的文化傳統得以保留且生根茁壯下去。這是一個緊要而關鍵性的機會，所以推行文化復興運動是十分重要的。

推行文化復興運動既然是要保存中華文化的傳統並使之生根茁壯，因此一方面要在知識份子的層次上使他們體認中間文化的精髓，再加發揚光大；另一方面卻也要在一般民眾的生活中播下種籽，然後才能收到生根茁壯之效。可是目前我們推行文化復興運動的工作似乎偏重於前者，而較忽略於後者。文化復興委員會雖在省市縣都成立有分會，甚而在各機關學校以至於鄉鎮地方自治單位也都有分會的設立，但是這些都是屬於較形式化的組織，其工作也許可以影響到公教人員及各級學校的學生，但是對於一般民眾則幾乎很難發生作用，這實在是很危險的事。因為一個文化傳統假如僅止於上層的知識份子手裡，而未能紮根深入廣大民眾心中，那麼其根基就不易穩固了。

要使文化復興運動的工作往農村鄉下推進，自然有很多不同的辦法，我這裡所要說的僅是其中的一種可行之道。常在南部鄉下各地走動的人一定可以看到，在許多村廟中常有所謂「鸞壇」的組織，這些鸞壇大都藉「扶乩」或「扶鸞」的方式，以達到積德勸善以及解答疑難之功。很多村民都十分虔誠參與，有時且構成很有組織的團體，在若干村子中幾乎大部份的村民都參加，甚或若干村落的人參加一個「壇」。有些深信的人每晚必到，到了以後淨沐換上整潔制服，虔誠參拜至深夜而毫無倦容。更有許多捐獻金錢以支持「壇」的費用，較不富有的人則捐獻時間和勞力為「壇」服務，其一心虔敬的心情很能使人感到佩服。

從宗教學的觀點論，這些熱心於鸞壇及其類似活動的人，都屬於賀佛爾（Eric Hoffer）所說的「虔信者」（true believer）的範疇。所謂「虔信者」主要的特徵是全心全意地奉敬他們所信仰的對象，無條件地為信仰團體服務，甚而貢獻其一切都在所不惜。從某一角度來看，我們鄉下的這些「鸞壇」的「虔信者」，可以說是相當「迷信」的；但是從另一角度而論，他們所傳誦的經典，以及經由「扶乩」所傳下的詩文讚錄，都是在鼓勵、規勸遵循我國傳統的倫理道德，不過其用詞較為俚俗，同時夾有較濃的宗教意味而已。用術語來說，這是傳統倫理觀的「通俗版本」或「通俗說法」，但是因為是「通俗」的，才能真正深入鄉民的心中。而就在這點上，我覺得是文化復興委員會可以下功夫之處。

我深深認為文化復興委員會應該設法把所有這些鸞壇和類似組織收為分支機構，因為他們在振興固有倫理道德上實有相同之處，只是手段上與意識層次上有所不同。但這些團體假如被認定為文化復興會的分支機構，這也就容易逐步把一些過份迷信或不理性的成份減除，然後慢慢地引導之進入合理的、現代化的途徑，相信文化復興的工作也可藉此在廣大的民眾中紮根茁出。再者，這些「虔信者」的團體，如前文所說的經常是無條件的信仰，全心全意的奉獻，這種心態如被人所利用，也將對社會產生不良的後果，無疑也是一種隱慮，因此文復會當局以至於省政主持者，如能摒棄對民俗信仰的若干成見，接受上述建議，相信將是一舉兩得之事。

（原載中國論壇第二卷第三期，民國六十五年五月）

從文化看文學

一

要寫「從文化看文學」，似乎應該先說明什麼是「文化」。有些人類學家好在定義上做文章，竟然理出一百六十多種有關文化的定義。在這裡自然不容許我把這一百六十多種定義一一闡明，即使說明了也沒有意義，我只能簡單地說，從人類學的立場上看，文化是人類因營生所需而創造出來所有的東西。營生所需是多方面的，有些是身體生存下去所必須的，有些是群體生活所必須的，更有些是心理調適所必須的。

人類身體生存下去所必須的一般稱為物質文化，所謂物質文化其範圍非常廣闊，包括從舊石器時代初期人類開始使用的工具起，一直到現在所有的科學技術發明都在內，凡是人類生活上衣食住行所需所用的都可包括在物質文化的範圍內。人類是一種群居的動物，人類經營群體生活所必須的一般稱為社群文化，包括家庭親屬組織、地緣政治組織、經濟交換組織以及律法規範等等。文化的第三個範疇是人類心理調適所必須的，一般稱為精神文化，在這一範疇內，包括宗教信仰、文學、藝術、歌舞等項目。

今日人類的文化已進步到相當發達的地步，但是要知道，這是經過一兩百萬年的時光才有今天的階段，在過去很長的一段時期裡，人類都是以很簡單的工具獲得其生活之所需，其與環境的奮鬪是十分艱難的。即使在今天科技文明這麼發達的時代，人類對自然界的控制還是相當有限，人類所受到自然的災害與困難仍然是很大的。人類在這長久的期間內因為自己的技術不夠，但是又必須不斷地與自然抗爭，因此就會產生心理上的不安與挫折，這種不安與挫折是需要適當的處理的。在另一方面，人類為了經營社群生活，為了使人與其他人之間能和諧相處，就必須要克制個人的行動，使合乎社群的規範。在這克制個人遵從規範的過程中，個人的一些慾望經常不能滿足，因此也會產生心理上的挫折與憂慮，這些挫折與憂慮也是必須要消弭的。由於人類在營生上所產生的這些基本心理上的困難，所以才會有精神文化的出現，換而言之，宗教、文學、藝術等精神方面的文化基本上是幫助人類在心理上作調適而出現的。

宗教作為人類在心理上的調適，一般說來是較直接的、功用的、有明顯意圖的；文學和藝術在對心理的調適上，則較為間接的、寄托的，且意圖較不明顯。宗教對人類心理的安定上實質發生很大的作用，當早期的人類在狩獵、採集甚至於種植作物之時而感到不能獲得他們之所需，他們就經常借助於巫術符咒，即使是很現代的人，在他們面臨困難而不能抉擇之時，他們也借助於占卜命相，更不用說當心靈不安或對人生有所懷疑時，到教堂裡禱告祈求是最常見的事。但是人類心理上的憂慮與困難，有些是屬於較深層次的，不是那樣明顯地存在的，這些深層次的心理叢結的消弭與調適，就是要求之於文學和藝術了。

人類的心理驅力中有很多是要受到社會規範所抑制的，例如侵略的衝動，性的慾求，佔有與破壞的念頭以及好奇心等等都不是能隨意發揮的，否則將受到社會的制裁。這些驅力與慾求在表面上雖服從於社會規範而被抑制，但是實際上只是被抑制而已，並非真正消除。這些被抑制，但未真正消除的慾望與驅力就必須尋求社會許可的方式來發洩之，文學的創作經常是被抑制的心理需求的昇華，而文學創造一旦公開之後，又可作為欣賞者發洩或寄托感情的對象，性愛的慾求經常可從愛情作品得以宣洩，侵略衝動可從戰爭和武俠小說給予發洩，而好奇慾望亦可從偵探小說得到滿足。

二

假如照上文所說的宗教與文學都是人類社會不可或缺的精神文化，那麼有些人要問：那些沒有文字的民族豈不是缺乏了文學作為調適心理的方法了嗎。問這一問題的人他的前題是：文學是經過文字表達出來的，換而言之，他們心目中的「文學」是用文字書寫出來的。假如我們把「文學」的定義規定是要用文字書寫出來的，那麼世界上確是有許多民族是沒有文學的。但是從人類學的立場看，文學的定義實在不能限定於用文字書寫出來，而應該擴大範圍包括用語言表達出來的作品。這種用語言而不用文字表達出來的作品，一般稱之為「口語文學」（Oral literature）。

世界上有許多民族沒有自己的文字，所以他們沒有書寫的文學，但是世界上沒有一個民族缺少口語文學的。口語文有許多不同的形式，包括傳說、神話和故事，以及詩詞、歌謠、諺語、戲劇、謎語、咒語、繞口令等等。這些口語文學不但在形式上與書寫文學有相同之處，例如在韻律、聲調、風格、排列、情節等方面，口語文學的表達都與書寫文學一樣，而且口語文學在作為調適心理需求上，尤其寫文學發揮更大的作用。

書寫的文學作品大致都是一個作者的作品，而口語文學作品則經常是集體的創作。一個個人的創作在某種情形下通常都不如集體創作那樣能適合大眾的需要。而且書寫文學一旦印刷出版，就完全定型而不能有所變化了。口語文學的作品，即使是一個人的創作，但是也經過不同人的傳誦，一旦經過不同人的傳誦，就會因為個人的身份地位以及傳誦的情境而有改變，這樣因時因地的改變正好是發揮文學功效最好的方法，所以說口頭文學最能適合大眾的需要，換而言之，從這一角度而言，口頭文學是一種活的傳統，而書寫文學則是死的作品，口語文學是一種多形式的存在，書寫文學則是單形式的存在。

口語文學與書寫文學另一重要不同點在於聽者與讀者之別。口語文學是傳誦的，所以對象是聽者，書寫文學是看與讀的，所以對象是讀者。聽者與讀者之差別，在於聽者是出現於作者之前（或者傳誦者之前），讀者則與作者不會碰面的。假如我們用傳播的模式來說明二者的差別，也許就更清楚一點。書寫文學可以說是一種單線交通（one way communication），作者很不易得到讀者的反應，即使有亦不能把內容改變了。口語文學則可說是雙線的交通（two ways communication），作者或傳誦者不但可以隨時感到聽者的反應，而且可以藉這些反應而改變傳誦方式與內容。愛斯基摩人的傳說講述者，經常會在講述過程中受到聽眾的抗議，而不得不改變內容以適合當時的需要。從上文所說調適心理需要的立場來說，口語文學的這種「應變」能力，確比書寫文學更能發揮「文學」的作用。

再進一步說，口語文學不但是傳誦於聽眾之前，實際上也經常是表演於觀眾之前的。書寫文學有戲劇的創作，但是文字的劇本與實際表演之間是很有不同的，口語文學則沒有這種差別，口語文學中的很多情節，需要傳誦者的當場表演，傳誦者的面部表情與身體動作經常構成作品的一部份。有許多印地安人的故事，其中特殊角色都有特別的聲響來表達，例如某些特別的動物，可怖的鬼魅以及逗人發笑的滑稽者都有其代表性的聲音，這些聲響的意義，要比任何冗長的說明都有更大的效力，更能動人心弦，所以難怪口語文學的傳誦常常是一遍再一遍，即使聽過數十遍的人仍然樂之不疲，但是書寫文學則比較上沒有這麼大的效力，一篇好的作品雖被形容為百看不厭，但實際上讀上三兩遍就很少再被重複地讀了。

最後一點應該提出的是口語文學遠較書寫文學更為普遍。普遍的意義是雙層的：前面曾說過書寫的文學是僅限於有文字的民族，沒有文字的民族是不可能有書寫的文學的。可是口語文學不但流行於沒有文字的民族，同時也流行於有文字的民族，而與書寫的文學並存着。

在另一方面，書寫的文學是屬於知識階級的人所有，而口語文學則不論識字或不識字的人都可以接觸到它，所以我們假如仍用前文所說文學是人類調適心理所必須的看法，那麼口語文學要比書寫的文學更有效且更普遍地發揮這一功能。

三

口語文學與書寫文學雖如上文所說的有許多不同的地方，但是無論如何，它們都同稱為「文學」，所以它們也有基本性的相同點，它們不但如前面所說的是人類心理生活主要的調適方法，同時更重要的它們都是以象徵的手法來達到調適心理的目的。

具有象徵能力（symbolic ability）是人類有異於動物的主要特徵；所謂象徵就是把感情、思維經由實際上無關聯的具體形象或符號表達出來。文字和語言都是一種符號，藉這種符號的象徵可以把感情和思維表達發洩出來。文學的象徵意義又較一般的象徵系統更為深刻，文學不但使個體的感情思維得以宣洩表露，同時更高一層地，文學也可以使一個群體——一個民族甚至全人類的生活體驗、思想意念、好惡喜憎、坎坷遭遇得以表達出來。

一個社會或一個民族在他們共同生活的歷程中，經常培養出共同的意念與心聲，共同的思想與感情，這些感情與心聲大都是存在於很深的層次，經常不是該民族本身可以很明顯地體會到的，只有兩種人可以藉着他們的特殊能力才能勾劃出來。頭一種人是研究社會文化的社會科學家，另一種人是文學家。社會科學家只是客觀地（甚至冷漠地）刻動出一個民族的

「文化主題」，就像著名的人類學家潘乃德（Ruth Benedict）用「日神型」文化（Appollonian culture）以描述朱尼印地安文化主題，用「酒神型」文化（Dionysian culture）來說明瓜求圖印地安人的文化風格，但是這種即使很富有詩意的刻劃，對於印地安人來說卻是漠不相干的。文學家則不同，文學家經常藉他的直覺體會出一個民族的心聲，他不但體會，而且用象徵的手法把這種心聲表達出來，這就是文學對於社會最主要的意義。所以一個文學家成功與否的一項重要的標準應該是他能否體會出並道出一個民族的心聲，而一個真正偉大的文學家，不但能道出民族的心聲，而且是敢在橫逆的境遇下冒着生命的危險道出民族的心聲。

不僅是一個民族一個社會有他們共同的心聲，而全人類作為同一種屬，且共享同一種屬的特性——文化創造，因此全人類亦有一共同的理想。對於人類共同理想的闡述的有史學家、哲學家或倫理學家，但是他們都沒有能像文學家那樣可以用象徵的文學手法把人類的共同理想完整地表達出來。一個不朽的文學家，一個世界性的文學家，應該是一個真正能造出人類共同理想的文學家。

（原載中外文學四卷一期，民國六十四年）

中國家庭與中國文化

一、家庭與文化

家庭是社會和人群最基本的單位。家庭不僅在婚姻、生育、經濟和生活等方面發揮了最基礎的功能，而且最重要的是家庭負有培養、教育年輕的一代，使傳遞、繼起民族文化的責任。所以家庭中子女的養育，對整個民族文化實有非常深遠的影響。從人類學和社會學的立場而論，家庭其實就是基礎文化養成之地，因此家庭的組成形式、婚姻類型，以及家庭內各成員之間角色關係的不同，都會深深地影響到文化本質的差異。

世界上各民族的文化差異很大，產生文化差異的重要原因之一是家庭形態的不同。世界上許許多多民族，在家庭形態上的不同至為複雜，有的是屬於世系傳承的不同，例如有父系、母系、兩系、雙系之別；有的則是屬於居住方式的不同，如隨父居、隨母居、隨舅居、兩可居等等；更有的是屬於婚姻形式的不同，如單偶婚家庭、多偶婚家庭之別；還有更常說到的家庭組成大小的不同，例如一般分之為核心家庭，折衷家庭和擴展家庭等類型。由於這些各種不同家庭形態的複雜配合，遂使在家庭塑模下所形成的文化也有很大的差異。

二、人倫關係與文化特性

我國旅美著名人類學家許烺光先生對家庭與文化的關係有深入的研究。他認為家庭形態的不同固然影響文化的差異甚大，但是家庭中成員關係的特性，才是影響文化的關鍵所在。許先生認為我們的家庭成員關係是以父子關係為主軸，因此中國的文化是以這種父子軸的家庭關係為出發點而發展形成的。

一個家庭中的成員可以分為許多種角色關係，如父子、夫婦、兄弟、姊妹等等，這些關係許先生稱之為人倫角色關係（dyad）。由於家庭形態的種種變化，每一民族的家庭經常在各種人倫關係中採擇一種關係為主要代表，許先生稱這一種代表性人倫關係為「主軸」關係。所謂主軸關係就是說家庭中其他人倫關係都以之為模型或典範，主軸關係的特性掩蓋了其他關係的特性而成為家庭生活的軸心。許烺光先生研究世界各種不同的民族，認為家庭中成員關係的主軸可分為四種不同的類型：

(1)以父子倫為主軸者：中國家庭為典型代表。
(2)以夫妻倫為主軸者：以歐美民族的家庭為代表。
(3)以母子倫為主軸者：以印度家庭為代表。
(4)以兄弟倫為主軸者：以東非洲及中非洲若干部落社會的家庭為代表。

根據許先生的意見，每一主軸關係都有其特性表現出來，這些主要的人倫關係的特性，不僅成為各種不同形態的家庭中人際關係的典範，且往往更進一步發揮為整個社會文化的特性。本文因限於篇幅，祇舉出以父子倫為主軸的家說明，以父子倫為主軸的家庭有四個特性：

(一)延續性（Continuity）：一個人身為某人的兒子，將來也會成為某人的父親，父子關係在家庭中一連串地不斷勾連下去，這就是父子倫所具的延續性。延續性在其他三種主要人倫關係中均不存在。因為母子、兄弟及夫婦之間都不像父子關係的不斷延綿下去。

(二)包容性（Inclusiveness），這是相對於夫妻關係的排他性而言。夫婦關係是單一而排他的，父子關係則是包容的，一個父親的愛可以包容所有的子女，相同的母子和兄弟關係也是包容的。

(三)權威性（Authority）：父對子的關係經常是權威的，而夫妻之間是自主的，母子之間是依賴的，兄弟之間是平等的。

(四)非性的（Asexuality）：相對於夫妻倫以性為基礎的關係而言，父子關係是非性的，不強調兩性區分的。

以父子關係為主軸的中國傳統家庭，如何影響了中國文化的表現呢？換句話說，中國文化的若干特性，如何可以追溯到中國傳統家庭的特質？下文試就許先生所說的父子軸家庭的四點特性加以引伸討論。

三、延續的特性

首先說延續的特性。這項父子關係的特性，已經擴大為整個中國文化的主要特性之一：將男性世系的家名及香火一代代傳下去是我們中國人最看重的事。我們看重「姓氏」，且要按照家族中的輩分排名字。我們看重家譜，盡力維持家系之延綿不斷，甚至將之擴大到宗族、氏族。這種延續的觀念擴大到整個民族，便成為維繫中國數千年歷史文化於不墜的重要力量。

為了避免家庭世系的中斷，故而強調宗族、氏族的延續；個人的存在，不是以個人為目的，而是為了團體（宗族或氏族）的存在與延續。因此養成了中國人含蓄內控的性格，不強調個人能力或情感的表現，而處處以團體為重心。

因為我們不以個人而以團體為重心，使我們對於他人的存在格外敏感，對他人的意見格外看重，而形成社會科學家所謂的「恥感的——而非罪感的——社會」。這尤其表現在「面子」問題上，世界上每一個民族都有「面子問題」，但中國人最看重「面子」，最怕在人前「失面子」，就是由這一緣故表現出來。

由於看重群體之存在，中國人特別強調人際關係的調適，盡可能地建立並維持良好的人際關係。不僅要與其他人保持和諧適當的關係，且更進一步要與周圍自然界的萬事萬物保持和諧適當的關係——在行為上，表現為對於倫理道德的看重，在思想上，則表現為中庸與天人合一的思想。

但是，延續的觀念，也使得我們格外的崇古、懷古，認為過去的一切都是好的，而對創新與變遷懷有戒心。現代的社會是一個快速變遷的社會，「延續」觀念的過度發揮，可能造成我們的社會在現代化過程中的困境，這一點是值得特別注意的。

四、包容的特性

其次談包容的特性。一個父親可以同時對幾個子女付出同樣的父子之愛，他的愛是包容的，而不像夫妻之間是排他的。中國人很明顯的把這種包容的特性發揮到宗族、氏族之間，形成同宗或同族之間緊密的關聯。

包容的觀念如果發揮到極點，就變成博愛。但是中國文化的包容性與延續性的結合，使得我們的社會中祇有有限度的包容。我們關心與我們有關的人：家人、親戚、朋友……卻不及於其他人。

有限度的包容，表現為講情面，唯情主義的現象。大小事情，都要講人情、拉關係。對於與自己有關係的「群內」的人，格外愛護，甚至過份的愛護，對於「群外」的陌生人，不相干的社會大眾，則顯出缺乏「公德心」。

包容性的家庭有它無形的力量，我們可以看看臺灣鄉下的例子：一個臺灣鄉下的家庭，也許是父親領著長子在家中種田，而二兒子在臺中開店，三兒子在高雄加工區工作，四兒子在臺北工廠上班。雖然家庭的成員分散在各地，經濟也相當程度地相互獨立，但是只要老家的田產沒有分，大家還是認為那是自己的「家」，會不時地寄些錢回家，也可以隨時回到家中去（居住海外的華僑對於祖國老家的關係是如此），這種家庭可說是非常有彈性的。當民國六十二年石油危機發生，經濟不景氣，許多工廠、公司紛紛倒閉、停業或裁員，這些人在臺北、臺中失了業，仍然可以，而且是有權利，回到鄉下的老家去，有一口飯吃，並能享受家庭生活。這種包容性，使得家庭成為急速變動的工商社會中的一個避難所，這在西方社會中是找不到的。

在今天人類文化面臨如資源短缺，人口增加，環境污染……等重大危機，而人類必須重新安排其社群生活的時候，許多社會科學家都開始強調中國的家庭生活，可以在危機之時成為提供安慰的避難之所。但是我們也不能不承認，在企業結構發展成為現代化經營的階段，過份的家庭包容觀念，卻也要成為現代企業的絆腳石。

五、權威性

再談權威的特性，社群、國家權威代表的存在，對於群體的維持有很大的重要性。在家庭中，父親的權威對於子女的教養也有相當的作用。但是如果將「權威」無限度的擴展，變成絕對的權威，反而會使得女子之間，及其他人際關係產生困難。

權威的擴展如果到了僵化的程度，將導致權威人格的出現，對於社會的發展有不利的影響。根據社會科學家的研究，權威人格具有下面六種特徵：

(1)很容易接受權威，信仰權威。某人是「權威」，他的話就都是對的，要無可懷疑地接受。

(2)重視權勢：一個人如果沒有權勢地位，不論他的意見本身如何精闢，也往往得不到重視。

(3)因循舊習，隨波逐流。

(4)不容許對於傳統習俗的批評，拒絕創新。

(5)相信命運，不願意靠自己的努力來改變事實。

(6)對事物抱著刻板印象，對事物的判斷是黑白分明，好壞立判，不能考慮各種複雜的因素。

「權威」有它的功能，但若是發展到僵化地步，就會成為社會進步的阻力，我國因家庭中以父子軸關係為重心，所以權威性格至為明顯，並且擴展到其他人際關係上，這是很不利於現代化社會的推展，所以我們要特別注意這一點。

六、非「性」的特性

最後談非性的特性，非「性」的特徵家庭中父子關係籠罩在其他人倫關係之上，而成為一切關係的主軸或典範，因而對於「性」的表現，特別是夫婦之間，總是儘量地避免或隱蔽。在大庭廣眾或父母長輩之前，決不可以表現出夫妻間的親密關係；愈是冷淡愈顯得有禮貌。這與美國社會可說是迥然不同的。

更進一步來說，因為有意的壓抑或模糊「性」的觀念，使得我們文化中對於兩性的認同有所混淆。最明顯的例子是平劇演出中，男演員可以扮女性角色，女演員也可以扮男性角色。甚至在現代的電影、電視劇，以至於歌仔戲，女小生往往也是最受歡迎的。

最後，我要強調的是，上述的四種特性，只是描述性的，本身並不包含任何價值判斷。換而言之，是事實的概念（Concept of fact），而非價值的概念（Concept of value）。最重要的是去了解中國文化的真正特性，不要過分地誇大它，更不要有意地貶抑它。將好的，適合現階段之發展的，加以發揚，而將不合時宜的予以揚棄。這才是我們「復興中華文化」工作的重心及意義所在！

（原載臺灣日報，民國六十七年三月六日）

尋根究底

一

自從亞歷・哈利（Alex Haley）的名著「根」（Roots）成為暢銷書以後，美國人開始一窩蜂似的對自己的淵源譜系尋根究底起來。很多人終日埋頭圖書館或檔案庫，為了是追尋自己的家系；也有不少人不遠千里跋涉去尋找自己的老家，企圖探訪出自己的根源；更有一些膽大不怕鬼的，不斷地穿走於墓場裡，一塊一塊地察看墓碑，冀望找到他先祖的紀錄。美國人的這一種不願做「無根的一代」的行動，看來是十分可愛的，但是這也不是近一兩年來才有的事，「根」一書的出版只是把這尋根究底的行動更公開化、更戲劇化而已。

華盛頓郊區「安娜哥斯亞」黑人社區有一座小型博物館，稱為「安娜哥斯亞社區博物館」（Anacostia Neighborhood Museum），這座博物館可以說是最早而最有理想的提倡尋找自己根源的團體。「安娜哥斯亞社區博物館」雖是一個小型博物館，但是它的來頭卻極大，它是直屬於美國國立史密遜研究院（Smitshonian Institution）的一個機構。史密遜研究所屬下的博物館有十幾個之多，大部份是極巨型的國家博物院，例如國立自然歷史博物院、國家畫廊等。而「安娜哥斯亞」以一社區博物館，竟能隸屬於其下，而且每年活動經費竟達五十萬美金之鉅，由此可見其受重視的情形。

「安娜哥斯亞社區博物館」的陳列品極為有限，參觀一次頂多不過十分鐘就看完了，所以從陳列品的標準來說，這實在很難說是一個博物館，也許用我們的話來說這是一個文化活動中心更為恰當一點。實際上這也是真的，「安娜哥斯亞博物館」就是這個黑人鎮集的文化活動中心。「安娜哥斯亞」是美京華盛頓隔著波多瑪河郊區的一個純黑人的市鎮，而博物館設立的目的就是要為全鎮上的黑色居民服務。

他們發掘該鎮居民遷移的歷史、定居後奮鬪開發的經過、每一家族延續的過程、以及重要人物成功的事蹟等等。他們搜集這些材料並加以陳列，但是他們的搜集並不是僅僅在保存傳統而已，他們主要的目的是在教育他們的下一代，他們教給年輕的人前人奮鬪的歷史以及家族的譜系，希望他們不會成為無根的一代，不會忽視自己的根源。很多「安娜哥斯亞」社區的孩子都喜歡到博物館來，他們到博物館來不但學到自己族人的歷史，而且參加各種愛護社區的活動，培養敦親睦鄰的精神，此外又學到很多學校所學不到的技藝。

「安娜哥斯亞博物館」除去一座陳列室和活動中心之外，還有一座新建的現代化工作室。工作室內有固定的課程教導社區的年輕人做木工、金工、製圖、保存標本、設計、照相以至於採集分析資料等技藝，所以博物館內一切陳列工作都由他們自己設計自己做，而他們在學習期完成後，即可成為有一技之長的人，可以受雇於其他博物館，甚至於在設計裝潢公司內做技士。十多年來他們已訓練了不少年輕人，而大家都對博物館有很強的向心力，不時回到館裡來幫忙。由此可見「安娜哥斯亞社區博物館」不只是一個普通博物館，也不只是一個普通的文化活動中心而已。它不僅為保存歷史傳統而搜集資料，而且把傳統教給年輕的一代使他們不致有無根之感；他們不但繼往，而且更重開來；他們培養年輕的一代愛護自己的家園社區，養成敦親睦鄰的感情；他們教育孩子使成為有專技的人材，他們使孩子們懂得懷念故舊，而不致於成為寡情而一去不返的都市人！從這一點說來，「安娜哥斯亞」實是博物館外的博物館，這難怪位居學術界前列的史密遜研究院會收留這與它「身分」頗不相稱的社區博物館在它的屬下了。

二

說到「安娜哥斯亞社區博物館」是一個文化活動中心，使我想起了我們的文化中心。最近蔣院長曾宣布全省各縣市均應響設一文化中心，這是一個很好的計劃，很值得大家重視推行。目前我們尚不知道文化中心設立的內容及細節怎樣，不過我有點耽心負責實際推行的人員仍像過去推行同一類計劃一樣，很可能又會慢慢地流於形式，一些陳列品就變成呆板的古董文物，不但不會在居民的心中留下印象，更無法鼓起他們參與的行動。

從「安娜哥斯亞社區博物館」的例子看來，我覺得我們如要辦好各地的文化中心，恐怕是要針對這個好的計劃稍花心思加以設計，而其中有幾點更是值得注意的：

(一)搜集作為文化中心陳列的資料必須從當地的歷史資料為出發，搜集與居民直接有關的史蹟，地方性的史蹟經常不會是轟轟烈烈的，而是一些較平凡的史實。平凡的史實對外來者也許毫無一看的價值，但是對當地居民卻會產生親切感，使他們進而瞭解自己的祖先奮鬭開發的過程，也就易於激起他們的參與感，共同為尋找根源而工作。過去很多地方性陳列館都着重於陳列給外來人「觀光」，甚而只是為上級來「指導」而陳列的，這種「外來者取向」的傳統，是所有的社教機構不成功的基本原因。今後我們如要文化中心產生作用，就應該着重於「居民取向」的觀念（供外來者觀光是大博物館的責任），教育居民先對自己本鄉本土的歷史根源有瞭解，然後就可以激起他們愛鄉愛土的感情，文化中心也就易有成效。

(二)美國博物館都有「志願工作者」（Volunteer）的制度，志願工作者不接受報酬而協助博物館工作，因而使博物館與社會聯成一體。我國博物館一向沒有志願工作者的制度，最主要的是怕陳列品遺失了。但是我覺得擬議中的文化中心卻應該仿效設立志願工作者，文化中心既是平凡的事蹟陳列，自然沒有「寶物」可遺失，而有了志願工作者參加之後，就可以讓他們不斷地發掘地方的史實資料，這樣一來一方面可以使陳列品得以不斷更新，使陳列成為活的而不是死的；另一方面又可以鼓起年輕人參與的熱情，形成一種自動自發的制度，而不是由上而下的推動，文化中心的工作就會產生意想不到的成果。

(三)文化中心的工作自然不僅在陳列文物史蹟而已，當然也包括各種不同的文化活動。可是很重要的，這些文化活動切忌是一些由官方提出的活動，更要在開始時避免流於八股的活動，以免引起居民心理上的推拒。文化中心開始的活動應該如「安娜哥斯亞社區博物館」所推行的各種技藝訓練活動，以及地方史實的採集與教育活動，這樣子可以促進居民的參與感與歸屬感，等到居民把文化中心看成自己的團體之後，政府的種種政令及政策就可以很順利地通過中心而推行了。

(四)文化中心的有形的館舍與無形的組織都最好利用當地原有的設備與團體。「安娜哥斯亞社區博物館」的陳列室就是利用一棟老式的居屋，使居民進入參觀，頗有回到老家的感覺。在這一點上我們的國家裡更為方便，較大的廟宇或祠堂祖厝都可盡量利用，轉移居民對傳統的感情於現代文化活動，這是最能收事半功倍之效的，這也更能使居民產生尋根究底發揚文化的熱情。至於在組織上，利用地方原有的宗教、宗親會、祭祀公業團體，甚而父母會、神明會來推動文化中心，相信也是最可行的辦法，其原則同樣是藉此激起自動自發的參與。

三

美國人一窩蜂尋根究底的行動，對我們中國人來說，總覺得有點大驚小怪的樣子。我們中國人數千年來都富有宗族、氏族的組織，我們也一向有家譜、族譜的紀錄，所以用不著那樣費力地去尋根究底，我們對自己的根源都有相當深刻的瞭解。

可是近年來因社會的急速工業化，宗族、宗親會的觀念已逐漸衰退。政府一方面提倡復興中華文化，一方面對這些代表中華文化的團體也未真正給予輔導。最近臺北市發生了一件事：有六十多年歷史，座落於大同區遠東戲院附近的陳氏大宗祠陳德星堂因為市府要建學校，被迫要拆去部份屋舍，這事已引起陳氏族人的不滿，並向市府提出訴願，希望能使這富有歷史意義的宗祠建築得以保全。我個人的看法，覺得一座象徵一個宗族整體精神所在的古老建築，如未與都市建設有太大衝突，應該設法保存其完整才好。我們一面高聲疾呼復興中華文化，一方面又迫不及待的要斬斷水土相連的根，這是多麼的矛盾！我們先人傳下來的東西，假如我們這一代人不懂得珍惜，終有一天，在臺北市都變成高樓大廈與林蔭大道之後，我們的子孫會跟今天尋根的美國人一樣，在街頭倉皇的找尋以前的北門在什麼地方，什麼地方是陳德星堂，什麼地方又是當年一磚一瓦都來自大陸的林安泰古宅的！

自然，宗族或宗親會有形建築的保存，並不意味著宗族、宗親會的無形組織也該原封不動的保存下來。目前，這些組織大都掌握在年長一輩的手中，跟年輕一輩幾乎是毫不相關；而且，往往有人利用這些組織來競選、助選，獲得個人地位，甚而從事商業活動。可是這些功能，在現代化的社會裡，已經有其他更合適的各種團體來發揮，用不著這些傳統的組織來越俎代庖。也就是說，宗族、宗親會要有存在下去的意義，應該是肩負起文化認同的責任，擔當起發揚民族精神的文化功能，而不是社會活動的功能。讓年輕人了解自己的根源，了解我們源遠流長的文化精神，使他們多體會一點人與人相處的倫理精神，或者更積極地參加到上述文化中心的活動中去。否則，在美國人尋根究底的熱潮中，相形之下我們也許要變成有根深柢固的上一代，卻跟著一群無根的下一代了。

（原載中國時報，民國六十六年十月廿日）

「孝」在現代社會推行之道

本年四月五日為總統　蔣公去逝世二周年，政府特定四月份為「教孝月」以紀念之。「教孝月」的推行是基於兩種原因：一方面是因為「孝」在現代社會中的真義經常被誤解了；另一方面則是「孝」的實踐被很多人所忽略了。因此如要「教孝月」的推行有真正的成果，我們應該先認清「孝」在現代社會中的真義，同時也要探討實踐的一面，也就是商討如何教孝。本文即擬就這兩點加以發揮說明。

孝的現代意義

孝的現代意義是什麼？孝的現代意義與傳統意義有什麼差別呢？要說明這一問題，總統　蔣公所提出的倫理、民主、科學三概念可以說是最有益處的。民國五十五年，　蔣公在「中山樓中國文化堂落成紀念文」中曾提出倫理、民主、科學三概念，並說明這是復興中華文化的三大基石。陳百年先生曾進一步闡釋　蔣公所說的倫理、民主與科學並非三個獨立不相關的基石，而是彼此融合在一起的基石。換而言之，民主不僅僅是指政治方面的民主，而是把民主精神發揮到一切的社會人倫關係上去；而科學也非只着重於科技的發展，同時是把科學的精神用到整個社會關係的各面。把民主和科學推廣到這一地步，倫理、民主和科學三者就可融合在一起，而只有這三個基石的相結合，我們才能體會倫理中最核心的概念——「孝」的現代意義。

要建立孝的現代化意義，首先要分辨什麼是孝的真義，什麼是孝的形式；換而言之，我們應先認清什麼是孝的真義——孝道，而不可將孝道與孝的形式——孝行混為一談。什麼是孝的真義呢？其實照孔夫子所說孝的真義是很簡單清楚的，並不像後代所加添的那樣繁複。論語為政篇孔子答孟懿子問孝說，孝是「無違」，無違的意思並不是無違父母的意見，而是無違於禮，所謂父母「生事之以禮，死葬之以禮，祭之以禮」的禮。又答孟武伯說孝是使父母無憂，答子由則說孝是奉養之外加以敬重。里仁篇又說「事父母幾諫」，幾是微的意思，諫是勸諫，換而言之，對父母可以作些微勸諫行動。

由此可見，孔夫子心目中的孝是事父母以禮，使無憂慮，奉養尊敬而已。孔夫子並未說對父母要屈從，他更未提到「天下無不是的父母」的話。孔夫子孝的境界很着重於雙方相互的關係，而不是單方的順從，也就是父慈子孝的關係。他沒有說父母一定是對的，甚至父母有錯，做子女的也可用緩和的方式來勸解（也就是前面所說的幾諫之意）。對於為子女者，孔夫子鼓勵做到恭、慎、勇、直的行為，但是恭、慎、勇、直的行為都要止於禮的界限，也就的前文所說的事父母以禮的禮，特別是恭慎假如超出禮的範圍，就會變成虛偽與畏懼。對父母虛偽或過份畏懼而屈從，就不是孔夫子所說孝的真義了。

孔夫子所認為孝的真諦，實是很能適合於現代社會的倫理規範，因為這是一種着重人倫雙方相互關係的規範，一種分辨是非的行為準則，更明白地說，這是一種富有民主精神與科學精神的倫理標準。在現代的社會我們要實行的孝是有民主精神的孝；有民主精神的孝是親子雙方愛的相互表現，而不是一方面的嚴厲，另一方面的屈從。同時在現代社會要實行的孝是有科學精神的孝，有科學精神的孝就是能明辨是非，認清自己的角色地位與應有的責任義務，而不為教條所束縛，我想只有這樣子的孝才是現代社會所需要的孝，這也正是　蔣公所提倡倫理、民主、科學的中華文化精神的最高表現。

親子關係的角色意義

根據上文的闡釋而用社會科學的話來表達，我覺得孝就是維持和諧溫暖的親子人倫關係。維持和諧溫暖的人倫關係在現代社會中是非常重要的，因為現代社會的急速工業化，使人與人之間有如機器對機器，人際關係變成十分機械化、刻板化，再加以個人主義的極致發展，人對人的關係不是目的本身而經常只是一種手段，因此社會變成十分冷漠無情，自私自利。我們現在要推行孝，就是要以我國文化中最突出的倫理精神，也就是和諧溫暖的人倫關係，來彌補工業社會的機械化與冷漠無情的人際關係。

但是傳統農業社會的倫理規範，總有些不能配合工業社會的人際關係之處，我們如何推行傳統的人倫關係以彌補工業社會之缺失，而又如何使這些傳統於規範不致於妨礙工業社會的正常發展呢？從社會科學的觀點而言，所謂人際關係都可分解為一些角色的因素，分析這些角色關係，我們就可以瞭解那一些是較合於現代社會，那一些是較不適於現代社會的；那些適合的我們就設法發揚光大之，那些不適合的就不予提倡。下文我們就親子角色的三點基本關係來再加討論：

㈠角色的特定性與蔓延性

角色的特定性（specificity）與蔓延性（diffusive）是一組相對的概念，這是指角色關係是否有範圍的限制而言，有些角色關係限制於特定的範圍內，超過範圍就不能發生作用了，例如雇主與雇員之間的關係即是；但有些角色的關係則範圍不定而延及各方面，親子的關係是最好的例子。

我們傳統中國親子關係的蔓延性是最無限制的一種，這也是最值得檢討的一方面。傳統社會裡子代對親代的服從是無限制而非特定的，親代的權威是無所不在的，不管在任何情況下，親代甚至於尊長者的權威是無所不及的。在這裡我們可以用前述「光臨指導」這一個比喻來說明，在這個例子裡學生們認為只要是老師，不管任何場合都應該居於指導的地位，這就是他們沒有弄清楚角色關係的特定性與蔓延性，而這卻也是我們社會上常看到的事。在此，我要強調的是在角色之間，要限制其權威性的程度，可以發揮的發揮，不能發揮或超過其能力的則應限制，如此才合乎現代社會的需要，親子關係如能依此而稍改變，則孝道就能很自然地適合於現代社會了。

㈡角色的相互性

一對角色的關係並非單向的，而應該是雙向的才能維持其和諧。親子之間的關係要適應於現代社會就應該維持雙向的關係，能夠相互溝通、相互體諒、相互瞭解，而不是一方交待一方聽命，或是一方嚴峻一方懼怕的關係；儒家所說的「父慈子孝」，本來就是很看重這相互的原則（reciprocity），後來不知道為什麼把前二字忽略了，而只強調後一部份，這是一種很不合理的改變，我們如要推行現代化的倫理關係，一定不要忽略這相互的原則。

㈢角色的平等性

要維持親子關係的相互性，就應該注意到「人」的平等性（equality）。所謂平等性並不是不重視尊卑輩份之分，在地位上，長輩是尊親，應該受晚輩的敬重。但是長輩對晚輩，也應尊重其「人」的存在，不能忽略其地位，更不能漠觀其個人的尊嚴，在作為「人」的條件上，無論是尊是卑，都是平等的。親子之間如能互相尊重其「人格」的存在，就易於和諧相處而不致於隔膜，能和諧相處就能培養出互愛的精神，能互愛互諒，就會有溫暖的親子關係。

教孝的若干原則

上文我們把孝在現代社會的內涵與意義說明之後，現在應該談如何教孝的問題了。說明或瞭解一件事與如何教給別人有關那件事經常有很大的距離，就如一個學問很好的人未必就是一位好教授，假如他沒有好的教學技巧與方法，不能有條理而按照學生的需要加以教導，再好的學問也不能傳給別人的。因此知道孝的內涵與意義是一件事，但沒有合理教孝的方法也就不易於使下一代的人懂得而去實踐它。本節擬就教孝的方法提出幾點原則性的意見。

(一)教孝不能用神話式或者希奇古怪出乎常情的例子來教育下一輩，因為那些神話式或出乎常情的例子會使兒童產生推拒的作用，認為那是不合理的，不可能做到的，因而認為孝是遙遠不可及的行為標準，一般人做不到的，也就忽略它，不願意去實踐它。假如要用例子教孝，我倒覺得最好採用現代人的例子，使兒童覺得有真實感而合乎他身邊生活應做的事，這樣應更易於推行真正的孝。

(二)教孝不能用強迫、權威或教條的方式，否則也會使兒童產生推拒。特別要注意的是不能用權威或強迫性的例子來教孝，我們經常在電視上看到父親要子女跪下來認罪，或者動不動就是給子女一個耳光，口裡還說打死你這個不孝子，這種例子都是不對的，愈用這樣的例子，愈會產生抗拒，而結果經常是適得其反的。

(三)教孝要用理性的、合理的，循循善誘的辦法去做的，而且要以身作則，才能達到最有效的目的。假如自已都做不到的事，自已都認為少數人才能達到的事，卻要強迫下一代如此做，試想這怎能有結果呢？講理性的又能體會身教重於言教的原則的，必能栽培出有孝的子弟。

(四)孝是日常生活的行為規範，因此需要用平實的方法來教導的。假如只鼓勵或宣揚一些突出的例子，也會使一般人產生推拒的心理，認為那是傑出人物的行為，我是普通人，做不到那樣的事，這就與教孝的目的背馳了。教孝的目的不是要產生一兩個很有孝的人，而是要使我們全體的國民都能實踐孝的一般規範。

(五)教孝是一種長久的事，因此我們要瞭解一種持久的制度經常要滿足社會與個人兩層次的需要的，假如滿足了社會而不能滿足了個人，這種制度也就不易於持久。某一種制度因社會的需要，由知識份子、政府或社會團體的鼓吹，會在一段時間內行於社會，但是這種制度的存在，假如未真正也滿足個人的需要，那麼其持久的可能性就很小了。所以我們要教孝，一定要瞭解大部份個人之所需，然後針對這些需要灌輸適合的倫理觀念，才會有長久的效果。

（原載聯合報，六十六年四月五日）

談中國人的名號

每一個人都有一個名，名的功用在於識別，試想假如大家都沒有一個作為識別的名字，那種混亂的情形該會是怎樣的。我們中國人對個人的名字向來有一套很特別而複雜的起名字辦法；不但一個人生下來以後要依一定的方式起一個名字，而且在一生中可以有很多次改變名字；一個人不但有名而且有字，不但有字而且可以有幾個號，不但有號而且可能有別的稱呼，而到了死後有的尚有謚等等。禮記檀弓篇有一段關於名號的記載：

幼名，冠字，五十以伯仲，死謚，周道也。疏云：冠字者，人年二十有為人父之道，朋友等類不可復呼其名，故冠而加字。年至五十者，耆艾轉尊，又捨其二十之字，直以伯仲別之，至死而加謚。

這一段話說得很清楚：一個人由於年齡增長社會地位有改變，因而名號也有改變。一個人生下來父母給予一個名，這個名一直用到成年之前，所以這個名是用在沒有社會地位與責任的兒童及少年期。等到一個人成年而加冠（戴上冠帽）之後，特別是成年而成為人父母之後，其社會責任與地位都與前大有不同，這時少年時的名字已不可用，於是另取一個「字」，這就是檀弓所說的冠字，而孔穎達的疏解也說得最明白：「人年二十有為人父之道，朋友等類不可復呼其名」。等到一個人年至五十以後，已成為長者，其社會地位受人尊重，所以名、字都不再用了，而被稱以伯以仲了。其後一直到死亡時，生前所有的名稱不得再使用，而給予一個謚號作為祭祀時之用。

由上面所說的情形看來，中國人的名字最少含有兩種意義：一種是分別不同的人，另一種則是分別不同的人生階段與不同的社會地位與責任。在前者，不論是名、字、伯仲或謚號都可達到相同的目的；在後者則每一不同的階段都用不同的名稱以區別之。古時候這種人生階段的區別也許甚為嚴格，後來則常常有人因生命不同境遇或者特殊事件發生就另起一個別號，用以表示另一階段的開始，其本意也與檀弓所說的相同。

為什麼在不同的人生階段要用不同的名稱來區別呢？這一問題牽涉到很複雜的社會的、心理的與認知的解釋。一個人從一個社會地位很低或沒有什麼社會責任的階段轉變成為有重要社會地位和責任的階段，或是由某一社會地位進入另一社會地位時，其間社會人際關係的轉變頗有不同，某一新地位的建立是需要很多不同社會關係的支持與承認的。從個人的立場而言，一種新地位新責任的形成，也需要相當程度的心理準備與調適，沒有適當的準備與適應經常會使新角色的扮演不能順利甚而失敗。再從更深一層次的認知方面而言，人類對宇宙萬物的認識以及人際關係的體認，經常要借用範疇類別的方法以達到目的，而對於每一類別又經常要給予一個「稱呼」以易於識別。我們給予人群以不同的族名，給予年代以鼠牛虎免生肖別之，而對於人生不同階段也就喜歡以不同的名字稱呼之，這是人類認知過程的一種方式。

從上面的這一說明，我們已可以明白我國古代的制度中為什麼每經一不同的人生階段就要換一個名稱。從兒童少年期變為成年，再從成年進入老年，這都是人生中很重要的轉變，為了使這一轉變順利完成，使新社會關係容易建立，使個人的心理調適完滿無礙，同時也使認知過程截然有分，所以就需要換一個新的名稱，表示舊的階段已經逝去，加強新的階段的責任意義。對於這種分別新舊階段以協助個人社會順利通過轉變期的困難，換新名稱的辦法只是很多不同辦法中的一種，我們也可在很多不同的風俗習慣中找到類似的制度。例如民間風俗中生孩子時產婦做月子的習俗，一般都認為這是怕產婦身體虛弱，所以讓她在家中休養一個月以免引起疾病，但是說不通的是坐月子中不能見到生人，同時也要守很多近乎迷信的禁忌，這些習俗假如從協助順利完成新舊階段交替的觀念去瞭解它就容易很多了。一個婦人要從無子女的階段成為人母時確是一件大事，在心理上在社會上都要做複雜的改變與適應，她又沒有像男人一樣可以以「字」代「名」的轉變，所以她要用整整一個月來分開這種不同的「社會時間」，利用這一個月來把舊的階段拋棄，逐漸適應於新的社會階段中應有的角色與責任。

很多風俗習慣有時很難從表面的層次看出其真正的意義，有些風俗看來是十分迷信，有些甚至於可說是稀奇古怪而可笑的，但是假如瞭解其內容或深一層次的社會功能之後，經常就會恍然大悟為什麼這種古怪的風俗還會繼續存在。坐月子的許多古怪的禁忌，從上述的觀點去瞭解時，也就不會覺得有什麼可笑的了。人生不同階段的改換名稱是屬於較制度化的一種，但是社會功能與坐月子完全相同。借用這些制度化的或民俗的方法，協助人生過程的順利通過，實是很有意義的事，特別是從目前看到少年人轉變成為成年所面臨的種種困難時，我們不能不感嘆古代制度中着重於協助社會成員順利通過人生階段所作的設計之巧妙！

自然我們目前的現代社會已較古代人的社會複雜得多，我們無法再用古代方式來解決現代的問題，所以我無意於鼓吹再用換名字的辦法來協助青少年們順利成大人！但是，要知道換名字、坐月子都只是一種外在的手段而已，然而這種手段卻代表着一種很深的對人類社會關係，人類心理狀態與人生存在的透澈看法，可以給我們啟示的是這種看法，絕不是那些外在的手段。從這一觀點出發，我們可以想到我們的文化復興運動，我們所要復興的應該是中華文化的基本精神，而不是那些枝節教條。而什麼是基本精神，什麼是枝節教條，古代人名號轉換的例子，提供我們一個很好的說明。

（原載中國時報海外版，六十六年三月九日）

促進人類社會的互諒互愛

大學人文教育的重要目的之一應該是體認人類的一體性與促進不同人群的諒解互愛。大家都知道，今日世界上的擾攘紛爭、戰火頻傳，主要的原因是由於種族歧視與文化偏見，因此要使人類社會有一天能達到和諧合作的境界，首先應着重於正確的種族與文化觀念的灌輸與教育。所謂正確的種族與文化觀念大致可分為三方面來說：

首先應該肯定闡明的是：生存於今日世界上的人類都是屬於同一「種屬」（Species）的生物體，這是代表人類全體這一生物種在幾百多萬年來進化的結果。在這一「種屬」內的份子因身體外表的差異又可分為若干支派，這也就是一般人所說的不同「人種」。這些人類不同的支派雖有外表上的差異，但從生物學的立場看，這些差異只是代表早期人類在不同環境下調適的結果；從數量上論，這些差異是很有限的，全世界不同種族所具相同的生物性最少也在百分之九十五以上，而即使差異最大的種，其生物歧異程度也不會超過身體特徵的百分之五，可見其同多於異甚大。而且最重要的是「人」這一「屬」內所有的成員都可以交配而生出子代，並且他們之間都可以互相輸血而不引起排斥。這是很明顯表示全世界的現生人類，不論是「黃種人」、「黑種人」或「白種人」，都是屬於同一「種屬」的生物，他們代表同一進化行列的階段，既然是同一進化階段，自然無高低可言。

一般種族主義者所宣傳的着重於渲染人類種族在智能上的差別，因此有種族優劣之說。他們認為白人智能高，所以是優秀的民族，其他有色人種智能低，所以是較劣的種族。這種說法實在是最大的謊言，要知道人類智能的差別在個體上的表現確很明顯，一個天才與一個白癡之間其智能的差別自然不能以道里計。但是一個種族的平均智慧是否會比另一種族高，這就很難有一正確的標準來判斷。每一個民族都生活在他們的文化範疇之中而受到文化的塑模很大，假如要衡量其智能的高低，就應該用他們自己文化的尺度來衡量才是公平的辦法，假如採用別的文化的尺度和標準來衡量時，顯然是存有文化的偏見，就像用「智商」（IQ）來衡量一個較原始民族的「純智慧」，實際上就是以西方文化的標準來衡量別的民族，這種衡量的結果自然不能作為種族優劣的根據。可是實際上種族主義者所宣傳的種族優劣正是根據這種標準而來的，而由於這種種族優劣的觀念遂導致無窮盡的種族歧視，因此灌輸正確的種族觀念確是刻不容緩的事。

其次，但是也許是更重要應要闡明的觀念是文化的差異。人類不同民族之間其文化的差異經常是非常大的，每一個民族都有他們獨特的生活方式、風俗習慣和價值判斷，因此從別的民族的觀點去看另一民族的生活方式或風俗習慣都會覺得奇怪、神秘，甚而說是不可理解、迷信、骯髒或不可思議。但是要知道，一個民族的文化是他們在長久的歲月中調適其環境所產生的結果，每一個民族都有不同的環境與際遇，所以其生活方式和風俗習慣就大有不同，要瞭解一個民族的文化，只有從那個民族本身的立場去瞭解才有意義，假如不以他們自己的觀點，而是別個文化的觀點去看，就會產生偏見、誤會和歧視。比如不吃猪肉的民族總是說吃猪肉的民族很髒，但吃豬肉的民族卻又譏笑不吃猪肉的民族是猪的子孫。其實吃不吃猪肉只是一種風俗習慣而已，這與那一民族的「好壞」或乾不乾淨毫無關係。但是人類就是如此要以自己的好惡來判斷別人，因而就產生偏見，久而久之就成為「刻板印象」，於是兩民族相處輕則互相譏詆，再則互相鄙視，終至於互相仇恨、隔離而衝突了，這確是非常不幸的事。這都是由於不瞭解別人的文化，遽以自己的好惡來衡量別人所產生的偏見，因此我們覺得大學人文教育中對於文化體系概念的灌輸應該多加着重，要使受過高等教育的人都能體會到「認識別人、容忍別人和欣賞別人」的真義，人類社會的和諧安寧才能有預期的一天。

第三點應加強的概念是人類文化的全體性。今日人類的文明是全體人類文化所共同累積起來的，而不是某一民族或某一社會所單獨創造的，有些民族對全人類文明的貢獻多一點，有些民族貢獻得少一點，但是不論貢獻多或貢獻少，大家都共享人類全體共同的成就，所以今日西歐或美國人自以為是世界文明的創造者，實在是一種自大的想法，殊不知廿世紀的科技文明實是一萬多年來全人類文化累積的結果，而在這一長久的時間中，前面百分之九十八的部份西歐人一點也未曾貢獻什麼，倒是亞洲、非洲人和原始的美洲人貢獻得較多。舉一個例子來說吧，人類懂得種植植物，可以說是人類文化史上最大的事之一，因為能夠自己生產食物，人類才能有空餘的時間從事其他發明。但是種植的發現並不是單獨一個民族的貢獻，而是分別由七八個地方所提供的。我們中國在種植的發明上頗有貢獻，小米（粟）最先栽培於我國北方，稻米則是在我國南方及中南半島所培養出來的，大麥和小麥最早約在一萬年前在西亞及小亞細亞為當時的人所種植，而高粱和另一種粟米則由非洲人最先栽培。在南美洲，印第安人的祖先最先懂得種植蕃薯等塊根植物，墨西哥人則栽種玉蜀黍和南瓜，北美印第安人最先種植向日葵，並採葵瓜子為食物。這些不同種類的作物現在已成為全人類共同的食物，有了這些多種多樣的作物作為生活的基礎，人類的文明才能一步步地成長。對於全人類文化的這種共通性與一體性有所瞭解，則我們的心胸才能寬廣，眼光才能遠大，而不為某一民族在某一時期內特出的文化而眩惑，也不會因暫時的文化挫折而自貶。

總之，灌輸正確的種族與文化概念，是促進人群建立互諒互愛最基本的途徑，而灌輸這正確的概念，大學的人文教育（包指人類學、民族學、歷史學的教學）應該負起很大的責任。

（原載中國論取第二卷第五期，民國六十五年六月）

文化歧見的消除

夏威夷有一個機構稱為東西文化中心，是一九六〇年美國國會通過設立的一個特殊機構，其目的是在於「經由合作研究與訓練以促進美國與亞洲太平洋國家的互相瞭解與良好關係」。東西文化中心每年邀請來自五十個國家及地區的一千六百位學者、學生及專業人員前往該中心，分別從事有關訊息傳播、文化學習、食物系統、人口動態以及技術採用等項目的探討、訓練與研究，十多年來他們對於東西文化的交流、人群關係的改善、國際間的互相瞭解確有很大的貢獻。

但是我在此地所要談的，並非東西中心這些正式節目的成就，我所要談的是這些較形式化節目之外的事。東西中心除去有一座稱為傑弗遜堂的行政大樓之外，尚有一座很為人所熟知的十二層大樓「滿儒雅堂」（Hale Manoa）。這座「滿儒雅堂」是專供各國應邀來東西中心參加各種計劃的人士與學生居住的地方。這座大樓雖說是十二層，但賞際上只有八層是作為寢室的地方，其他的四層則供作客廳、休憩室、遊樂室、會議室、廚房、洗衣室等。住在「滿儒雅堂」的人來自亞洲、太平洋以及美國各地：假如小坐於它的入口門廳裡，你隨時可以看到各色各樣的人穿堂而過；穿著紗籠的馬來亞或印尼少女，面色黝黑但精神抖擻的印度人或巴基斯坦人；有時頭髮鬈曲的夏威夷青年人會拉著一個嬌小的寮國小姐嬉笑而來，還有看來斯文的日本紳士也會混在年輕的白種女孩群中談笑，或者來自新幾內亞的土人也會陪著東方文明古國的中國人捧著煮飯的電鍋從廚房裡走出來，這一些在外表看來似是不甚調和現象，卻代表著一種真正的內在和諧。

東西中心在安排宿舍居住時有一重要的原則，就是把來自不同國家的人分配成「室友」，絕對不會把同一國家的學者或學生分配住在一起。而且在宿舍的同一單位內（一個單位約六間房，共用一盥洗室和電話）也儘量分配來自不同地區的人。這樣的安排不但使不同種族，不同文化的人經常要在盥洗室裡「坦誠相見」，經常要互相代接電話，而且也經常在休憩室、洗衣室裡碰面聊天，甚而組成俱樂部，不時在廚房裡舉行不同地方的食物品嚐會，或者在會客室裡播放不同國家的電影和音樂。在這樣密切接觸直接交流之下，人與人之間的關係就變得很和諧，很多原有的文化歧見就自然而然地消除於無形；原來看似不衛生的用手抓飯，現在看來都是別有風味；本來以為十分虛偽的日本式禮貌，現在反覺得甚為親切；過去不敢多看一眼的穿著甚少的白種少女，現在倒覺得是自然可愛；那些頭髮如鬈綿羊而皮膚漆黑的人物，從前以為絕無美感可談，現在卻能欣賞其雅緻之處了。總之，在和諧密切的相處下，大家變成互相瞭解互相關心，不只是對個人的互相瞭解互相關心，而同時是對這個人所代表的文化或國家有了瞭解與關心。你假如多加留意，你就會注意到很多很感人的小事；

當電梯門快要關上時，恰有一位異種族的人跑來，在電梯裡的人就會趕快按鈕把門重開，並殷勤地問他（她）到那一樓，然後再為之按鈕。有人打電話給你而你不在時，留話的人會寫得清清楚楚，連幾時打來的電話都記上了，絕不會說不在就把電話掛上了。洗衣室裡假如遺下一雙襪子在烘乾機裡，後到的人會追到樓下交給你。八月裡有好幾個國家的國慶，如韓國印尼等，在當天升旗儀式時，除去他們自己國家的人外，竟有一半以上異國的友人參加，那種熱情祝賀之忱溢於形表，實在很感動人。凡此種種不僅說明東西中心即使在非形式化的節目上已對促進文化交流改善人群關係有其成就，而且說明文化的歧見實在可經由坦誠的交往接觸而得以消除的。文化的歧見是今日世界紛擾不安的主要原因之一，吾人如能藉這種積極的行動消除文化的偏見，確是可喜之事。

美國人有時花了很多錢在海外，卻不能得到別國人民的感激或諒解，但是他們每年花九百萬美金所支持的東西文化中心，確實對人類和平互愛有所貢獻，美國國會似應考慮把這想法再推廣到其他地區。

（原載中國論壇第二卷第十一期，民國六十五年九月）

理想之城

——重新安排人類城市生活的一個設計

一

在美國阿利桑那州首府鳳凰城（Phoenix）之北七十英里的沙漠裡，有一座稱為「亞柯桑底」（Arcosanti）的孤獨而奇怪的小城。這座建築於乾枯而冬天苦寒夏天酷熱之沙漠上的小城，其面積僅有八百六十英畝，而且就目前情況來說只能稱為小聚落而已，但卻有極大的名氣；它的響亮的名氣並不僅僅由於它在建築學上所代表的全新構想與奇特風格，同時更由於它企圖對未來人類社會文化與居住環境提出一革命性的藍圖。

「亞柯桑底」是意大利著名建築家蘇略利（Paolo Soleri）的精心傑作。要瞭解這一稱為「理想之城」或甚而稱為「上帝之城」（Civictate Dei or City of God）的原意，我們可先從「亞柯桑底」（Arcosanti）一字的來源探知一二。Arcosanti一字是脫胎於蘇略利新創的一門稱為arcology的學問，這是由Architecture（建築學）與ecology（生態學）綜合而成的一門新學問，也許可勉強譯為「生態建築學」。換而言之，蘇氏的主要建築精神在於利用生態學的基本原理以建造理想的人類聚落，而「亞柯桑底」城即是這一建築哲學的初步實現及實驗模型。

蘇略利在建築「亞柯桑底」之初受到建築界極嚴厲的批評與譏諷，有些甚而視之為瘋子。這是因為蘇氏並不僅僅認為他的建築是調適生態環境至為完善的工程而已，他以為他是在為未來的人類設計一種新的生活方式！蘇式的這種先知式的哲學實導源於兩位先知性的人物：一位是建築學大師弗蘭克・萊德（Frank Lloyd Wright），另一位是曾參與北京人遺骸的研究而在我國享有盛名的人類學家德日進神父（Pierre Teilhard de Chardin）；他從萊德那裡得到建築與生態配合的靈感，同時又從德日進那裡獲得了對人類社會文化進化的基本概念。綜合了這兩大家的精神，蘇略利的「生態建築學」是針對目前全球性人類的困境，包括能源缺乏、食物不足、人口爆炸、自然資源耗罄、空間狹窄擁擠、人際關係緊張、以至於精神匱乏而出發。他認為人類在最近的將來，不但要改變聚落與自然環境間的關係以及利用自然資源的態度，而且要改變聚落社區人際與空間的關係，方能度過即將來臨的生態危機，而把人類社會帶上新的時代，「亞柯桑底」即是在這一理想之下所設計而成的。

二

「亞柯桑底」城的建築物除去若干附屬建築——包括音樂廳、學校、會議廳、工作室以及遊旅中心之外，主要的是一樣容納全部居民（約三千至三千五百人）的廿五層大廈，這是蘇略利設計未來城市的頭一個原則，那就是使有限人數的居民居住於垂直的空間裡，共同居住於這一大廈城的居民不再是各不相識的公寓鄰居，而是關係密切、交往繁仍的朋友、同事、同工與「同城人」，蘇略利相信經由這樣的設計，可以重新安排人類城市的社會與文化生活，使之建立人際關係的和諧協調。

「亞柯桑底城」的全部建築物面積僅佔八百六十英畝中的十四畝，其餘的八百四十六畝土地則保留自然狀態以作為居民休憩活動之地。但在十四畝建築物中，除去居住建築之外，卻有另有一座更為重要的建築，這就是佔地四．三四畝的溫室（Greenhouse）。這一溫室的建築是蘇略利生態建築學的另一重要理論所在。蘇略利建築的溫室並不僅是普通種植栽培植物的溫室而已，而是同時用來吸收太陽能的主要設計。利用這溫室吸收太陽能，即可供給「亞柯桑底」全部居民冬天的暖氣及熱水，同時也供給夏天所需的冷氣以及其他能量的需要，這就是蘇略利配合生態以節省自然資源的主要觀念所在。蘇略利一直認為現代的文明社會都是毫無節制地浪費自然界可用的資源，而不能利用既知的各種物理與化學作用，配合自然現象與建築型式，以達到享用不盡能量的目的，並節省自然資源的消耗。蘇略利所設計的溫室除去吸收輸送太陽能之外，也可同時作為種作穀物之用，他希望有一天作物的產量可以使「亞柯桑底」成為自給自足之城。

「亞柯桑底」建築物的另一特點是所有的房子都面向南方，同時都具有巨大的雷達式拱頂，這是蘇略利配合生態以建造人類居處的另一表現。蘇略利深知阿利桑那沙漠裡各季節日照的方向，便設計房子面南，是要使太陽在冬天時可以照到屋子裡，因而增加屋內的溫暖舒適，他的雷達式拱頂，則是要在夏天裡擋住太陽，使屋子覆蓋於陰影之下，同時大的拱頂在夏季又可像「順風耳」一樣作為聚風之用，使屋內增加涼爽。

蘇略利把他理想之城的初步模型建築在冬寒夏熱的沙漠裡，主要的是要證明即使在人類最不易居住的地區，只要能善於利用自然環境，仍然能建造出安樂的城鎮。事實上，蘇略利的構想最合適於日照時間較多，而雨水較少的區域，最少是不多全天下雨的地方。蘇略利認為世界上人類居住的地方，大約有三分之二的區域，可以在各種不同的設計上採用「亞柯桑底」的模型以建造理想的小鎮，以達到他重新安排人類城市生活以便使自然、文化與人群關係更密切地整合之偉大目標。

三

蘇略利的「亞柯桑底」計劃開始於一九七〇年，到了今年夏天七月五日筆者前往訪問之時，僅有四座附屬建築剛完成不久，其他的主要建築如廿五層大廈及溫室，都仍在籌劃之中。「亞柯桑底」工程進度緩慢的原因主要的是因為經費僅缺；蘇略利是孤軍奮戰而沒有任何基金會或政府的資助，他的預算對一個這樣龐大的建築計劃來說實在是少得可憐，每年的經費大致在廿五萬至五十萬美元之間，主要的來源是他著作的版稅、演講的報酬，銷售他設計陶鐘與風鈴的利潤，以及收取學費所得而來。說到學費，不能不對蘇略利的招生的辦法加以說明，因為這也是「亞柯桑底」建築計劃的另一特色。

蘇略利是一個著名的建築學家，同時他又有一套相當有說服力的理論，因此有許多年輕的學生們（包括學建築的與非學建築的）慕名而來跟他學。事實上，蘇略利在「亞柯桑底」全部建造的過程中，很少僱用工人，他的學生就是他的工人，他的們一面做工，一面學習；不只學習建築技巧，同時是學習蘇略利的全部生態建築學與人類生態學的原理，所以蘇略利稱他的計劃同時是一個教育過程。

蘇略利在全美各地及歐洲若干地區均張貼招生廣告，同時也有五十所以上的學院和大學承認在他教導下的學分，因此數年來已有二千以上的學生曾在「亞柯桑底」跟蘇略利學習過。學習的過程每期六週，每週有一次與蘇略利本人或他的助手們進行數小時的討論，其他的時間則從事各種建築工作。在沙漠的風沙與酷熱嚴寒下工作，不是容易忍受的事，學生們不僅沒有計較任何報酬來參加，而且要繳納每期五百美元的學費，這說來實是不可思議的事，但是卻有不少學生們帶著狂熱與敬仰先知的感情從各地趕來參加，他們之中更有許多不是學建築的，只是懷著未來的人類社會生活尋找出路的心情而來，而且有不少每年都來的。那些較常留住「亞柯桑底」的人就逐漸成為蘇略利的永久助手，當蘇略利前往各地從事演講時，這些助手們就代替他訓練學生，並主持建築工作的進行、蘇略利及他的助手們對每六星期要更換新手重新訓練會感到稍有厭煩，但是他們並不灰心也不覺得要更改策略，因為他們相信未來的理想之城的實現仍在這些未來的主人翁手裡。蘇略利的年輕助手們，有時比他們五十八歲的老師更具信心與興趣，他們大半已成為「亞柯桑底」的永久居民，他們從長久的工作中，不但獲得「亞柯桑底」的部份產權，而且對改善人類未來城市生活的藍圖深信不疑。

四

蘇略利的理想也許真的是太遙遠了，也許是與現實的存在距離太大了，所以受到的批評與譏諷都非常嚴厲，有人說他是「烏托邦」主義者，有人甚至認為他是瘋子！較嚴肅的批評者則認為蘇略利主要想解決的問題在於資源與空間的缺乏，但是他不針對根本的人口問題着手，只在治標辦法上謀解決，而這些治標的辦法終於要因人口的溢滿而成徒勞。蘇略利則認為人口的問題終有一天要解決，但如何解決並非他所學的能提供什麼具體的意見，他認為他所努力的方向是建立一種人對自然以及人與人之間的合理態度，這種態度不論是人口問題如何解決，都仍然是非常需要的。

平心而論，蘇略利的理想之城確有許多現實的困難不易打破，假如如他所說的「亞柯桑底」只是初步的模式，也還有不少待解決的問題。可是蘇略利的基本精神卻很值得我們深加思考與體會。蘇略利在生態建築學的理論上，有二點是很值得注意的：頭一點是他所強調的自然、文化與人群關係的和諧整合，另一點則是他所鼓吹的重新安排人類的城市生活使成為一個較小型而密集的單位，這二點在當前人類社會面臨種種生態危機，包括人口過剩、資源缺乏、環境污染、戰爭衝突、種族仇視等等之時，特別值得我們重視。

關於自然、文化與人群關係的和諧整合一方面，固然這是現代西方生態學的產物，但不禁使我想起我國古代思想中的人與自然協調的宇宙觀。西方文明在近代生態學流行之後方悟到包括人類在內的整個自然界都要維持適當的均衡與和諧，假如自然界的任何一部份受到過份採用與破壞，而且不能適時給予補償以恢復其均衡關係，其後果終要使整個系統完全解體。其實調適的觀念在西方的思想中早在達爾文提出進化論時已相當具體，只是西方人在環境危機出現之前並未真正體會到調適與系統均衡的意義，仍然繼續不斷地盡力向自然榨取，一直到許多危機與困境都相當明顯了才有了這些被稱為「先知性」的理論及行動出現，而我們中國人則早在數千年前已從自然界學得這種和諧調協的宇宙觀與人生觀。這種和諧調協的人生觀，不僅是對自然的順應而已，而是要使自然、文化與人際關係得到和諧的整合。這種看來似是為和諧而和諧的觀念，並不是一種無目的或消極的觀念，相反的，這是一種透徹瞭解自然律而產生的觀念，這種觀念支持我們的民族文化延綿發展數千年而不墜，可是在今日這種觀念如何重新賦以現代的意義使為全人類前途的設計所用，則是仍有待我們多加努力之處。我說多加努力並不是一句空話，實際上已有少數好的例子從事這種工作，例如東海大學的建築系目前在漢寶德教授領導下，已有相當程度地朝這方面走。東大建築系每年有一次學生建築圖樣設計發表會，他們設計的並不僅是一棟建築物本身的圖樣，而是一組建築物與自然及社區環境間關係的設計，這充分表現了他們對協調自然、文化與人際關係的重視，這實是可喜可佩之事。

關於蘇略利設計小型密集的城市以重新安排人類城市生活一方面，也不禁使我想起另一位先知性的學者——舒馬克（E. F. Schumacher）的言論與思想，舒氏是一位德裔英籍的經濟學家，他以一本小書題為Small is Beautiful（註）而著名於世。在這本「美麗」的小書裡，舒馬克教授所主張的是小型企業與小型科技的發展，他認為大企業與超級科技的無限制擴大，是使可用的資源大最浪費的主要原因。舒馬克自己是西方社會所訓練出來的經濟學家，但是他卻有點像研究原始經濟的人類學家一樣，對西方經濟制度的一味追求利潤有極大的反感，他認為經濟學應該注重人的存在，為人服務，而不應該只一味追求利潤。他覺得由於一味追求利潤的經濟制度，就使機構愈來愈龐大，作業程序愈來愈複雜，而資源的浪費也就因而愈來愈大，所以西方的經濟制度與超級科技實帶給人類很大的危機，那就是世界的資源將有為之用罄的一天，到那時候要回頭已來不及了，所以他主張使用中級科技（intermediate technology），使人類能和自然取得協調，而不是無補償的剝削自然，他說：「我們不僅應該學習如何與其他人和平相處，同時也應學習如何與大自然和平相處，畢竟我們並不是自身所塑造的。大自然造就了自然界也造就了我們。」這種想法與蘇略利的哲學實有不謀而合之處，舒馬克所着重之點在於經濟制度與科技組織，蘇略利着重之點則在於人類居處與社區建築方面，而我們中國人是否也能在另一方面，比如說在人際的關係方面，提出一套新觀念，共同為未來人類生活的設計貢獻一點力量？

（原載中國論壇第四卷第十一期，民國六十六年九月）

註：該書有中譯本，題為「美麗小世界」，由遠景出版社刊行。

韓國民俗村的啟示

漢城郊外有一個「韓國民俗村」，是漢城市除去王宮之外的一個主要觀光地，每天前往參觀的遊客數以萬計，而遊過民俗村的人都對它留下相當好的印象。

漢城民俗村在漢城南郊約二十公里處，搭乘巴士前往大約需一小時許。民俗村的面積極為廣闊，是依一個廣大的溪谷而建，所以有山岡、有溪流，亦有平地，環境至為幽美適宜，民俗村的大門相當宏偉，一看就表現出韓國民性的粗獷與質樸。進入大門後，開始有若干韓國鄉間的草房散處兩旁，屋內陳列一些家具與工具，佈置似乎簡單而不甚引起興趣，因此使人有些失望之感。但是當你再走進一些路，你就會發現好看的東西還在後面。原來民俗村的設計就是基於這樣由簡單到複雜的陳列方式的，在純樸的村屋之後，高大的白楊與銀杏樹之下，忽然出現較大的屋宇，這是一些村間富人的住宅。在富人住宅之後，又有「土豪」家的圍牆露出一角，待你尚在驚嘆其房屋的講究之時，忽然你又會發現在溪流左邊又有一個大莊落，那是官家的屋邸；在官邸之後還有更寬敞更堂皇的諸侯貴族的宮室，而到了最後，在山谷的盡頭，又有一座建築尚未完成，但可看出是精心設計的博物館。

民俗村內的所有這些房屋都不是仿古董建的，而是把各地的各種不同房舍宅第遷移而來，每一房屋前都有說明牌註明其原在地及主人姓氏，同時也把原有屋宇的陳設一一恢復起來，有些地方還雇有穿上傳統服裝的人員，隨時表演工藝或日常生活給遊客們觀賞，有些地方則用蠟像以代替真人，其效果也很不錯。最使遊客們欣賞的是當你走累了，正想找一處休息之時，你忽然會發現在路旁或橋邊有一幢村間酒店，酒店內有一個村婦裝著韓國「清酒」以及煎着麵餅在等你去品嚐，而當你酒酣食飽之時，突然會有一陣鼓樂之聲遙遙傳來，走出門外一看，原來是一隊韓國民俗歌舞表演者沿著大路而來，正招引遊客們去參觀在一個大露天劇場內表演的傳統舞蹈與雜耍！當你看完了表演，再回頭看看村內的各種陳設，心裡忽然體會到，在這村中你所看到的不僅是一些韓國的屋宇宅第，而是同時也看到韓國人的性格、韓國人的風情，以及韓國文化的面貌。

看完了這一個表現傳統韓國民俗文化的「村落」後，使我心中頗有感觸。韓國民俗村是韓國政府與民間共同合力建造的一個觀光遊覽地，他們在表現上並未強調其復興文化的意義，但是參觀之後使你體會韓國文化的特性至為具體。反觀我們自己，我們提倡文化復興的努力已做了十年之久，但是對基層民俗文化之保存與發揚工作仍做的很少，有些該由各級政府或文化復興委員會大力提倡的工作，反而由民間單獨在創導，例如鹿港的民俗館、臺中大佛寺的民俗陳列館等，都是由私人興辦的博物館，他們做的都很不錯，但由於人力財力有限，所以都較簡陋而缺乏系統，假如地方政府能給予一些支持，相信一定可以大加改觀。可是地方政府對這些復興傳統文化的工作似不熱心，前些時報上曾載省政府擬收購霧峯林家庭園，以便建立一個陳列館，但是時間又過了經年，仍不見有何動靜。再說板橋林家花園，整建之議說了十多年，雖說如今違建戶問題已解決，但真正能讓人參觀，又不知到何年何月。我覺得這些著名的傳統建築，包括霧峯林家庭園、板橋林家花園，以及這幾天，報上所刊載的「林安泰古厝」，假如能集合政府與民間的力量，盡速重加整建，即使不能像韓國民俗村那樣有魄力，把數十幢房舍移建一處，也必能發揮一點社會教育的作用，並為復興中華文化的工作盡一點力量。

（原載中國論壇第三卷第四期，民國六十五年十一月）

新羅文化祭

韓國南部的慶州城是古代新羅國的舊都，全城名勝古蹟很多，是一個文化氣息極濃的古城。慶州城的居民對他們的文化傳統也至為珍視，每年都舉行一次所謂「新羅文化祭」，「文化祭」者用我們現代的話來說就是「文化節」也。今年十月初正是他們舉行「第十五回新羅文化祭」之時，節目極為豐富，除去全城的名勝古蹟開放吸引觀光客外，同時也舉行一連串的活動，包括詩歌比賽、音樂比賽、書畫展覽、戲劇表演、民藝展覽、民俗遊行、舞蹈表演以至於佛學演講、燭光遊行、放映佛教電影、圍塔禱告等等，使觀光的人感到美不勝收，而沐浴在很濃很濃的傳統文化氣氛裡。

參觀慶州城的名勝古蹟，除去欣賞古代新羅國的傳統文化遺產之外，使人感受最深的是古績名勝四周環境的保持乾淨清潔與樸實，再者是極少有小販或照相師強迫觀光客光顧他們的生意。這兩點對於我們從臺灣去的人可以說感觸最多了。

當我參觀慶州城最主要的名勝吐含山佛國寺時，那種肅穆的氣氛，終於使我體會到慶州城勝景之能夠維持那樣乾淨莊嚴，並非依賴觀光機構或政府當局的宣傳或命令，而是藉一種宗教的精神得以維持發揮的。前面所說在「新羅文化祭」的各種活動中，包括有多種佛教的活動，而實際上不只是文化祭中佛教氣息極濃，慶州全城也是為佛教氣息所籠罩著；慶州城的居民不但珍視佛教的傳統，而且能實踐佛陀的精神；佛陀克慾清淨的精神，是使慶州勝蹟保持莊嚴淨潔最根本的因素。

從慶州居民發揮佛教精神的例子，使我更深一層次地體會到兩點關於我們自己的事：首先是我們在推行淨化觀光地以及推行消除髒亂運動時，大半要靠政令來執行，有的要舉行定期檢查，甚而採取取締的行動，這實在都不是根本的辦法，而且往往會事倍功半或是半途而廢。從韓國看到的範例，我們可知推行這一類的運動，貴在一種根本精神的培養，假如全體民眾都有共同的精神與信念，於是都能自動自發地實踐，則運動的推行即能達到事半而功倍矣！

其次說到佛陀精神的發揮，我們也不免感到慚愧。韓國的佛教全是由我國傳過去的，但是他們卻能保存並體認佛陀的精神，進而加以實踐發揮，反觀我們的信徒們，那些專會比賽造大佛或蓋奢侈庸俗寺廟的人已屬較好的一群，更糟的是一些藉佛教之名而大肆宣傳其神靈怪異思想之輩，其所作所為不但有辱佛陀的精神，而其危害社會的程度更令人痛心感嘆。

宗教的信仰貴在心靈與德性的修行，從這修煉中培養出來的精神每能領導社會走上進步的道路，反之，盲目與執著的迷信，則將造成不健康心態，進而阻礙社會的進步與發展！

（原載中國論壇第三卷第二期，民國六十五年十月）

普遍與選擇

美京華盛頓的國立歷史與技術博物館（National Museum of History and Technology）目前展出的一個重要主題是人類衣服的進化。展出的方式大致分為三方面：紡織技術的演進、布類原料的改變，以及衣服式樣的變化。展出的內容極為豐富、設計亦極為新穎自不必說，但最值得令人深思的是他們用四個標題來分別人類衣飾進化的四個階段，同時也指出了人類穿着衣服甚至可以說人類社會演進的正確方向。

在工業革命之前，一切紡織都靠手工完成，因此布料至為貴重，特別是高貴原料的服裝，更是只有富有或特權的人方能用得到，所以這一階段衣服的設計僅是因少數人而為，因此他們用「少數人之衣」（Clothing for Somebody）為標題，以說明前工業化時代衣飾的特殊性。到了工業革命之後，布料可以由機器大量製造，所以即使是質料高貴的衣服也普遍為大多數人所用，這一階段他們所用的標題是「任何人之衣」（Clothing for anybody）。但是Clothing for anybody並不夠，在現代科學技術的推動下，各種人造纖維的不斷發明改善，於是衣服的原料就更好更便宜，同時也成為每一個人都普遍用得到的東西，所以這又進入「人人之衣」（Clothing for everybody）的時代。

但是在這大量製造和供應衣服的時代，卻也有其弊病之處；普遍固然是普遍了，但是太過普遍的結果是人人都一樣了。現代製衣工業的大量生產，其目標是合於任何人（Suiting everyone），以便降低成本，使之大量供銷，但這樣一來則人人都得穿上相同的衣服，有如制服一樣而沒有選擇的可能，這樣對人類而言卻是造成相當大的約束，因此專家們瞻望未來，希冀未來的世界裡，衣服對全人類而言不僅要普遍，而且要有所採擇，所以他們採用了第四個標題，那就是「人人之物」（Something for everybody）。

美國博物館的專家們並非無中生有地採用了這四個俏皮的標題，他們確實是把握了現代社會發展的方向然後才想出了這四個標題，衣服的製造與穿著的現代化只是代表人類社會現代化的一面，而人類社會走上現代化的道路卻也和上述的過程完全一樣：在傳統的社會裡，只有少數人參與公共的事務，不論是社會的、政治的、經濟的都握在少數人之手，只有等到民權思想覺醒的現代，大多數人普遍的參與才成為其特徵，政治的、社會的、經濟的活動都有大多數人的普遍參加，而不受少數人的控制，正如衣服之普及於每一個人，而不是少數人所特有一樣。

但是，普遍的參與並不是現代化社會惟一的特徵。很多人誤會，以為只要有多數人普遍參加到社會的、政治的活動中，這就是現代化了。這種想法實在是對現代化過程有相當大的誤解，現代化的社會不僅是要大多數人普遍參與，同時是要讓普通參與的人有自由意志的選擇，這種自由的選擇是現代化社會以及未來社會裡最重要的指標。就像在極權主義的共產國家裡，他們也讓大多數人參加投票，但是投票的對象卻只有一個選擇，那就是仍然實行共產主義，你說這樣的普遍參與有意義嗎？我想美國博物館的專家們在陳列設計時，他們不僅在鼓吹衣服的普遍與選擇，他們同時在灌輸現代社會人群關係基本法則：「普通的參與和自由的選擇」。

（原載中國論壇第四卷第七期，民國六十六年七月）

也談「公事私辦」

四月廿九日臺北聯合報曾刊登了一篇高希均教授的專欄，標題是「公事私辦」，引起眾多讀者的共鳴。高先生寫此文的動機我甚為清楚，因為我碰巧也參加了那個集會，同時也是那個擬議中研究計劃的預定參與人之一，所以我不但佩服高先生流暢的文筆以及中肯的議論，而且也極感於高先生之勇於仗義而言，以及其說做就做的態度。

我個人對高先生所說的參加計劃的人，純粹因與主持者的私誼而無酬參與工作是頗不合理一事深表同感，我知道參加計劃的人有時不僅是因主持人私人情面不得不參加外，同時也常常是因為有感於主持人的學術素養與勤謹態度而願意「共襄盛舉」，但是不論是由於「私人情面」或者是「學術良心」，若以高先生「機會成本」的觀點來說，這種參加工作而不能得到「合理報酬」的事，總是不合現代化社會行為原則的事，而高先生以「遠來和尚」的地位肯為國內研究者仗義而言實是可感之事。

不過我在這裡並不是要重覆肯定高先生的論點，而是想進一步探討為什麼在我們的社會裡會出現特別多的公事私辦的情況，以及公事私辦所牽涉的社會問題。著名的經濟史家卡爾・波拉尼（Karl Polanyi）曾把人類經濟分配制度分為三種：1.互惠的交換、2.再分配的交換與3.市場交易。所謂互惠的交換是指以社會的義務與情誼，作為交換貨物及勞力的基礎，而其目的並非為了物質上的獲利。所謂再分配的交換，是指在部落社會的人們以一定量的物品或勞務，匯集於社會的領袖或部落的酋長，然後再由他們以慷慨及施恩的方式，將其重新分配給社會中的成員。這兩種存於較簡單或傳統社會中的分配制度，比之現代的市場交易制，有一種最不同的特性，就是被波拉尼稱之為「嵌入」（embededness）的現象，也就是說在互惠的與再分配的交換制度中，經濟行為無法與其他社會關係分開，任何經濟上的交往都有社會權利義務，以至於道德倫理的判斷標準「嵌入」於其中，這與市場的交易行為，買賣者雙方是基於一種非個人的關係，而互相之間只在尋求最大的物質利潤是截然不同的。我想在許多傳統性較重的社會，不但經濟分配制度是屬於「嵌入」的形式，而且所有人際關係也都是以之為範式而進行，也就是說任何一項社會活動都會有其他的社會關係甚至不相干的因素所滲入，而無法做到「就事辦事」的地步。我想在我們的社會裡特別流行「公事私辦」，每辦一事都要靠人情關說，這顯然就是因為我們的社會仍然存在於傳統的互惠性關係的範式裡，因而有太多的「嵌入」關係糾纏著無法擺脫。

傳統社會的互惠制度並非全無可取之處，也不是完全與現代化社會相排斥的。親朋戚友之間在節日或喜慶時贈送禮物，自然是一種合乎人情的行為，但是送禮的事假如推衍成為送「紅包」以酬謝「公事私辦」之情，也就是互惠的無限制蔓延，那就是超乎合理的人情互惠了。但是最糟的莫過於互惠行為的無限制蔓延再加上「再分配」觀念的作祟。在傳統及原始的社會裡，酋長或首領向子民收稅再以施恩的方式在節日或災害時分配給大家，這原有「社會保險」的初意在內。但在現代化的社會裡，已有各種公眾保險制度的存在，假如仍有人要以雇主、施主或酋長土王的姿態出現，認為「普天之下莫非王土」，而一切都是「恩出自上」，於是乎為了報答「浩蕩的天恩」，便一層一層地互惠上去，這樣就是使互惠擴散蔓延到無限大的地步，在這種情形下即使想避免「公事私辦」，也是很困難的了！

自然，在現代化社會裡的行為準則也不是毫無缺點的；在現代化的社會裡，所有的事務交往都根據一定的「合約」，合約中規定好種種權利義務，這些權利義務的訂定並非基於個人的私人關係，而是基於高希均教授文中所說的合理市場價格與合理酬報觀念而建立的。這種基於非個人因素而建立的現代化行為準則，在處理複雜的現代事務確極為有效，並且很能做到「公事公辦」的地步。可是這種現代化的處事方式，因為在在要基於合理的市場價值和酬報觀念，就容易使人與人之間的關係只存在於追求最大的物質或金錢利潤，除去利潤之外就毫無情誼可言，這也就是現代人際關係被批評為冷漠、殘酷的原因。由此看來，我們雖然要努力使我們的社會關係現代化，但是仍然要注意避免現代化行為準則的那些矯枉過正的部份，以免人與人的關係淪於機械化。在另一方面，我們固然要擺脫傳統的束縛，但是也要瞭解不是全部傳統的東西都是壞的，很明顯的，上文所說的適當的互惠正可以補足現代冷漠人際關係之弊，只是我們要認清，那些無限蔓延的互惠，最是阻礙社會合理化的東西，特別是部落酋長式的「再分配」觀念，更是一切不合理人情關係的根源。

（原載中國論壇第四卷第四期，民國六十六年五月）

現代化問題的人類學檢討

這是一個連續性的講演會，主題都與現代化有關；據我所知道前面的各位講員都是從他們各自學科的出發點來討論現代化的問題。今天我雖然也是從我所學的一行作出發點，但卻希望對現代化的問題作一般性的檢討。

在這個題目之下，我預備分成三個部份來和諸位談一談現代化的問題。第一部份是對現代化意義的檢討。第二部份是要談人類學的一些基本概念如何應用到現代化問題的討論。第三部份是想從這些概念為出發，用一些我所想到的中國現代化的例子來跟諸位說明。

一、現代化意義的檢討

我想前幾次討論會多多少少也談到「現代化」是什麼東西。我不知道前面幾位先生們對於我們一般所說的現代化或者社會科學所說的現代化的定義究竟談了多少。後面我將要討論的現代化的定義可能和他們有重覆處，但是今天主要的問題並不在於說明現代化的定義，而是著重於對其意義的檢討，所以即使有點重覆也不要緊。當然我不可能在這裡把所有談到現代化定義的都提出來一一的檢討，我只想提出三個我覺得比較重要的定義來做檢討。

頭一種定義我要提的是大家都很熟悉的社會學家 Daniel Lerner 對現代化所下的定義。

Lerner 先生對於現代化的意義一共提出了很明白的五點標準：

1.關於經濟方面：他認為一個現代化的社會或者具有現代性（modernity）的社會，在經濟上一定是要能自我生長、自我支持，成為一個不斷成長的經濟體系，那樣才是一個現代化的社會。

2.關於政治方面：他說一個政治體系一定是要大多數人參與的，這樣的政治體系才夠合乎現代化社會的標準。換言之，他著重的是所謂participation，一種以自由意志的參與，這才是現代化社會的政治行為。

3.關於一般信仰或思想方面：他認為一個社會一定要是相當世俗化的（secular），不受一般傳統、神聖或者神秘的（sacred）思想控制的那種社會。比較世俗化的那樣的社會才是合乎現代化社會的標準。

4.關於社會方面：他認為一個社會的系統，一定要有相當大的流動性（mobility），這樣的社會才是合乎現代化社會的標準。

5.關於人格方面：他認為這個社會裡邊，假定前述四個標準都具備了以後，那麼這個社會裡的人，其人格一定要相對地能調適前面這種不同的sub-system，而成為能不斷應付變遷的人格系統，這樣才是一個現代化社會的人。

Lerner的這五個標準（見International Encyclopedia of Social Sciences,1968），在我們初

步看來似乎是相當中性的，並沒有什麼特別的文化偏見存在。

其次我要提到的是另一位社會學家Alex Inkeles的「現代人」的九點定義。這應該也是很多人都很熟悉的，因為很多書籍或文章都提到這九點「現代人」的標準（見氏著The Modernization of Man）。Inkeles的九點現代人的標準是：

1. 現代人願意接受新的經驗，樂於更新與變遷。
2. 現代人對他的直接環境，與其較為遠濶環境中的問題，能夠形成意見，並且提出主張。
3. 現代人重視現代跟將來，而不重視過去。
4. 現代人重視計劃跟組織，將之視為一種處理生活、事務的方式。
5. 現代人相信個人能從事學習、控制環境（我特別提醒各位注意這一點——控制環境。），實現目的，而不為環境所控制。
6. 現代人相信他的環境是可以依賴的，認為環境當中的人們和組織能夠履行他們的責任和義務；他不相信命運或個人特殊品質決定事務的說法——而相信人的力量能夠建立一個較有規律的社會。
7. 現代人能夠顧及他人的尊嚴，並且尊重他人。
8. 現代人對於科學跟工藝（technology），有更大的信心。

9.現代人贊成公平分配原則。

以上九點，經常被用來做為評定這個人或者這個社會的人，是不是現代化的標準。最後，我要談到的是比較籠統的、整合性的標準，這就是C. E. Black的定義，Black在他的「現代化的動力」那本書裡，很簡潔的提出了一個論點：「所謂現代人，實際上是他能有效的利用科學知識，有效的謀求整個人類在生活上的進步，促進人類在生活上的幸福或者安全」。

今天跟各位指出的現代化的定義就是這三個。後面，我要就這三個定義和各位做個簡單的檢討。

前面幾位講員先生大概對於現代化的定義，現代化的方向，現代化的好或壞，應該都做過一點檢討。而我的檢討是比較一般性的，或可說是一種反省，這種反省或檢討是從我所學的——人類學做出發點，來看一般所接受的現代化的定義，是不是合適於整個人類？或者只是代表某一種文化的人（明白地說就是指西方文化的人）的想法。換而言之，我要問的是一般所說的現代化是不是有文化偏見的成份在內，它是不是對全人類都是很值得追求的。我要這樣反問，並非反對現代化（實際上我是熱心於現代化的人），而是覺得我們有責任對這大家所熱心的方向作一檢討，以便使我們對這一社會趨勢更有了解。

從人類學的角度看，我覺得所有的這種定義的出發點似乎都免不了有西方人的觀念，也就是來自於歐美文化系統的觀念。我剛剛開始時提到的像Daniei Lerner和Inkeles的定義，已經是盡量的要中性（neutral），以避免文化偏見，但從我們非西方文化的立場來看，它還是相當的西方色彩，它還是含有很濃重的西方人基本的想法，因為他們都代表很明顯的個人主義，代表很明顯而絕對的「權利義務」的思想，代表很明顯的西方人的宇宙觀。像Inkeles的九點現代人的標準中的第五點，他要控制環境，就是要征服環境，要把環境當做是可以征服的、可以操作的（manipulate），或者更進一步的解釋它是用人的力量來勞役環境，支配環境；這種看法，這種基本的觀念，顯然是西方式的。又如Daniel Lerner的標準——他的經濟的標準，就很明顯的是個人主義的看法；他的人格標準也很靠近Inkeles所說的。這種整個思想是相當西方式的，相當以歐美文化的宇宙觀為立場來定的標準。那麼這樣的標準，是不是能夠合適於全人類呢？是不是合適於很多不是西方的社會所謂現代化努力的方向和目標呢？這是值得檢討的，這也是我所要提出的頭一點懷疑。我不敢要求諸位也同意我的看法，不過，我個人是相當懷疑這種以西方的立場或者西方宇宙觀為出發點的想法，對於很多很多非西方社會的現代化路途是不是適宜的？

我的第二點懷疑：假定我們都照上述所說的各種現代化目標而走，都以這樣的目標來做為全人類現代化的方向的話，那麼目標一致，方向一致，我們所希望是否把全人類的社會都塑模成完全相同的樣子，都一樣的標準化、規格化？假如全世界的人類都相同了，沒有英國人、沒有美國人、沒有中國人、沒有非洲人的差異，這樣子的世界，是不是就像Black氏所說的在謀求全人類的幸福？試想所有的人類沒有了差異，所有的人都沒有自己的性格，所有的文化都沒有自己的特點——都像一個模型印出來的，就像螞蟻、蜜蜂一樣，那樣的文化，那樣的人類，是不是好？這是一個哲學思考的問題。這樣是不是對呢？也許有些人認為是對的，那樣子是達到了「世界大同」的境界。我個人覺得這不是世界大同的真義，我覺人之可貴在於他有異於靠本能生活的動物，也就在於他有「個性」，假如全世界的人以及他所創造的文化都像做蛋糕那樣地印出來的，那就不像個人類的社會了。

我的第三個懷疑：我覺得應該檢討像Black所說的，他要謀求全人類在生活上的改進，謀求全人類生活上的幸福理想很高，但，試問，什麼叫做全人類的幸福？所謂全人類的幸福就單指人們吃得好，穿得好嗎？在什麼前題之下，才能衡量全人類的幸福？換而言之，我們用什麼樣的標準來釐定什麼是全人類的幸福——以精神？物質？或其他的來衡量。也許有人說，使人類免於饑餓，是衡量人類幸福的重要標準，另有人說，使人類有發揮自由意志的機會，是人類幸福的指標。但是當饑餓與自由有衝突時，又用何種標準來評定呢？生育子女是個人自由，但是每人都盡量生兒育女，人口問題便不能控制，人口爆炸的結果，是使人類陷入饑荒的困境，這二者的矛盾應該有什麼更高的標準來解決呢？所以我們應該有一個更肯定的標準，但是這個標準是什麼呢？

以上是我對現代化定義所提出來的三點檢討，下面讓我來進一步說明為什麼我會提出這三點懷疑的基本命題。

二、人類學概念和現代化定義

第二部份，我想從一些人類學的基本觀念，來解釋或說明我對現代化定義的三點懷疑。什麼是人類學（anthropology）？一般了解的，人類學是研究人本身跟他所創造的文化。用英文來說，人類學是研究man and his culture，研究人本身——人的身體，跟他所創造的文化。人類學家研究過去的人跟現在的人（所有的人，只要是人）。人類學家研究人類的文化——過去的文化，現在的文化，你的文化、我的文化、他人的文化跟我們自己的文化，所有的文化都包括在人類學研究範圍之內。人類學研究的範圍是相當的遼闊，因此人類學裡有許多複雜的小的分枝；有一些人研究過去的文化，就叫做考古學（archaeology），有一些人研究古代人的身體跟現代人的身體，叫體質人類學（physical anthropology），有一些人，像我自己一樣，研究現代人——研究他人跟我們自己的文化，這樣叫做文化人類學（culture anthropology）。在此，我要替我們的「系」做一個宣傳，臺灣大學的考古人類學系，給一般人的印象都認為我們樂於跟死人為伍，實際上，並不如此，就像我自己，不但研究現代文化，而且也願意，同時也能夠跟各位討論現代化的問題，所以人類學系並不只興趣於古代，興趣於古代只不過是我們研究的一部份，但我們研究古代的目的，卻是在了解現代。因此，我們重要目標是要研究現代。下面讓我開始說明人類學的若干觀念如何可以用來檢討現代化的定義。

人類學不只是一門學問、一門學科，它同時是一種觀點——對於人類跟他的文化的一種講法。這種看法，認為全世界的文化，不管文明、原始，不論過去、現在，它們都是一種相等的單位。把原始的、現代的人都看做同等單位，可以作為比較的單位，而我們的目標，是通過這些不同文化的比較，要理出人類行為的原理、原則，或者人類行為的規則，這是人類學最高的目標。當人類學家把所有文化都當做同等的單位來看它，因此慢慢的體會到每一種文化都有它自己內在的意義，我們不可以用一個文化的觀點來批評另一個文化，我們一定要站在那一個被研究的文化的觀點來研究，來了解那一個文化內部的一些事情。每一個文化的人，生活在自己文化的約束之下，他的一舉一動，他的行為，都要從那一個文化的觀點來了解才可以的。每一個文化對於環境的調適，有它特別一套的方式，這一套方式是經過幾千年、幾萬年調適的結果。我們要了解它的內容，一定要從它的立場來了解它才對。那麼，因為這種不同的調適，經過長久時間的調適產生了世界上很多不同的文化；都有他們特別的式樣（style）、特別的模式、特別的特性或一種特殊的外在表現。這種表現代表了這個社會或者這個文化，經過長久對於環境適應的結果，所以這一特別的意義，這一模式的特性，必須要從這一個文化的立場來了解它，才有意義。

因此，從這一點再回到我剛剛說到現代化的意義，我說現代化的定義很多都是代表西方基本宇宙觀，代表西方人經過幾千年對於他們所熟悉的環境調適的結果，這樣獲得的結果，跟其他社會或者其他文化過去調適的結果，其中不免有衝突；這種衝突，若用西方人的觀念，一定要其他的社會跟隨或依照它的模式來走，對其他的社會顯然是不公平的，顯然是一種偏見。何況，假如一直要完全跟著這種模式走，將會使其他非西方社會產生很多困難，產生很多挫折，產生很多解體。因此從人類學的觀點看，硬要把一個民族或一個文化的特性，它的基本的假設，按到其他的文化裡邊，一定要它按照這種樣式來走的話，這是不公平的、是危險的，也是值得我們思考和檢討的。

再說到第二個人類學觀念，這是比較複雜的，讓我慢慢的講解。人類學跟其他社會科學不同的地方，就是人類學研究人，從他的生物性來看他；人類學研究文化，是從它的社會性來看它。所有的社會科學——除開人類學之外，都只從社會文化的觀點來做研究的出發，只有人類學同時也從生物的觀點來出發，這是人類學和所有的社會科學最不同的地方，這也是人類學的特點，而我的第二個基本觀點是要從生物學的觀念開始。

前兩天報紙報導東非洲發現了一個人類的化石，說是五百萬年前的，而我們前此講課時說人類最早的祖先也不過是二百萬年前存在的，我們對此感到十分尷尬，不過這沒關係，這意義正代表人類本身進化的過程——evolution, evolution的本意是來自生物的，人類是生物的一種，人類跟其他生物一樣，還是繼續遵從進化的原則，就是達爾文所說的「物競天擇、適者生存」的進化。這種基本的天演，基本的進化力量，一直到現在還繼續加諸於人類的身上。不過，人類跟其他動物不同的地方，就是人類利用文化做為他抵抗環境或者適應環境、調適環境的一種武器；其他所有的動物，不能說沒有文化，而是它的文化即使有一點點，卻不能進化。人類呢？他不斷的改進他的文化來適應環境，來降低環境對他的壓力；試看，一隻牛或一匹馬，它只能以它自己身體內部的生物構造來適應環境，一旦環境變遷了，它就只有使其內部的遺傳因子調適而變成另外一個新種來適應這個環境，或者就是因不能適應而滅種。人類在最初的時候，也是很簡單的以身體來適應環境，但自從有了文化以後，我們就用文化來調適環境，不必讓我們的身體直接和環境對抗。文化幫助我們一步一步的減輕或緩和環境對我們的壓力，這是人的文化的進化意義；換而言之，人類跟所有的生物一樣都服從進化的規律，而不同的在於有文化，所以人類能夠緩和環境對他的壓力、對他的選擇，用達爾文的話，對他所加諸的selection力量。因此文化是人類進化過程中的產物，是整個人類進化過程中的一部分，所以文化本身也受到進化力量的約束，而文化的進化也是應該遵循生物進化的原則的。

什麼是生物進化與調適的原則呢？簡單來說，一個生物體，在它種族的遺傳因子裡邊，假如越具有各種不同多樣性的遺傳的可能性的話，這樣子的生物體，才是的最能夠調適環境的生物；我用一個最簡單的例子來說明，像蒼蠅，在DDT沒有發明之前，蒼蠅是一種很容易生長，很容易繁殖的生物，但是在DDT 發明之後，蒼蠅對於DDT有很大的感受力，所以大半的蒼蠅都被DDT撲滅了，但是在蒼蠅種族中，恰好有幾個個體具有抵抗DDT能力的因子，因此，那幾個個體就沒有被DDT所撲滅，繼續傳宗接代下去，很快的，滋生日眾，又變成一個群體，變成一個能夠抵抗DDT新種的蒼蠅的群體（population）。所以一生物體對於自然的壓力，微妙就在這個地方；生物體的遺傳因子有時候具有特別的性狀，有時候可以突變，因為有突發或者有特別的性狀，才能夠不斷的接受環境的挑戰，才能維持它的種族繼續生存下去；假如那個時候蒼蠅的整個群體，沒具有那一、二個能抵抗DDT遺傳因子的話，那麼世界上現有的蒼蠅很可能就整個被撲滅了。由這個例子我們可以知道，一種生物體，它的遺傳基因庫（gene pool）中整個遺傳基因叢，假如具有很多變異（variety）的特性，那麼它對於環境不斷的改變，其適應力也就愈大，環境一改變，中間的特別性狀，雖然只剩下一、二個，但是隔了兩、三代以後，它又可變為一個大的群體；所以越具多的可能變異性的話，對於自然環境的適應是最有效的、最可能形成力量。人類既然遵從生物進化的規律，人類文化的進化同樣也要依循進化的規律。所以人類的文化假如要在這個世界上繼續生存下去，也該和生物體一樣，具有很多variety，不同的性狀、不同的特性、不同的模式，然後，才能在進世界裡繼續應付不斷變遷的環境。從這一點引伸到前面所說的現代化，像西方人所提出來的那種現代化的定義，所有的人都成為一個模子的產品，所有的文化都跟隨同一pattern，這在某一段時間內，也許最能夠克服環境的方式，但是，誰能保證環境明天不會變；這個宇宙——包括我們自己創造的環境一直在變，也可能有很大的巨變，一旦到了那個巨變的時候，假如沒有足以應付變化的特質，種族就會趨於滅亡的。所以我們從人類學的觀點來看，人類的文化應該具有多樣性（variety），不能follow一個pattern，假如follow一個pattern，應是人類文化最危險的一種情形；換言之，對不同的文化，應該讓它有一個表現特性的機會，應該保留它的特性，不要抹煞它的特性，我們希望它現代化，但是現代化的意義不應該是同一化（homegenous），而應該是分歧化（heterogenous），應是容忍歧異、容忍分歧、容忍variety，這樣才是整個人類文化能在進化的行列裡生存下去的方式。

關於我第三點懷疑，也是從進化論的立場來說（這個解釋是緊跟著第二個解釋而來的），一個文化，假如極端的適應，極端的要完全克服環境、控制環境的話，就走上一個特化（specilization）的路，這是一個相當危險的，在進化的過程之中，生物進化最重要的原則，不是最適者（fittest），而是適者（fit）；生物進化最高的標準是種族的延續。若用生物的觀念來看，只要這個生物能夠調適，而讓它的種族延續，這是最好的進化的調適。我們的著眼點應該是種族的延續——對於人類來說，也是一樣的，C. E. Black所說的，促進人類生活的最幸福是什麼呢？假如用生物學裡的觀念來說，應該是使人類這整個種族，能夠繼續緜延下去，若違反了這個最基本的原則，就是危害了人類的幸福。人類的幸福並不僅僅在於吃得好、穿得好，人類的幸福最高的標準是在使人類這個種族能夠長遠延續下去。怎樣才能夠使種族延續下去？照生物的意義不是最適的，而是適的。我仍要用一個簡單例子來說明這一點。大家知道，馬跟驢子交配生出來的動物叫騾子，騾子是一種最耐苦耐勞、忍辱負重的動物。我們經常罵人說脾氣像騾子，意思說他的脾氣跟騾子一樣很倔強。牠能夠負很重的貨物，走很遠的路，不喝水、不怕風雨，在最惡劣的環境下，牠都能倔強地生活下去；如果從某一個角度來看，騾確是比馬、比驢都能適應環境，因為牠最堅強、最耐勞、最不容易為環境折磨死掉，但是從另一個點來看，騾子又是最不適應者。大家都知道騾子是不會生下一代的，騾子到騾子本身就完了，要等到驢跟馬再交配時，才有騾子，騾子是不能生小騾子的，所以從種族延續的觀點來講，騾子是最「不進化」的。我由這個例子來說明給各位聽，一個文化假如走到極端的地步，極端地控制環境、利用環境的話，從生物學的觀點看，這是一種特化（specilization）的結果，這種特化的結果經常產生很大的危險。我覺得西方的文化很像是這一類特化的文化，它的態度就是像Inkeles所說的，是控制環境，儘量的控制環境，要把所有環境當作是人類可以征服，可以勞役而為人所用的一個對象，那麼這樣可稱為過份的利用（Over-exploitation），實不是健全之道。很明顯的，像現在碰到的「能源危機」就代表西文化過份的利用自然，而至於過份依賴自然所產生的困境。這種危機假如繼續不斷增加，將會使人類蒙受大災，甚至於走上滅亡之道，在生物進化的類例中，不知道有多少種族都是因為過份特化而走上滅種的路。

從進化的觀點看，種族的延續是調適與否的最高標準。一個文化雖能給予人類很高的物質享受，但卻因之威脅人類生存的話，這樣並不能說是使人類得到幸福，所以我們對C. E. Black所說的現代化定義會有所懷疑，假如他所說的利用科學知識以謀求人類幸福，並未了解謀求人類幸福最高的標準是使種族得以延續，那麼這種現代化的意義就是值得檢討的。從前面的檢討我們覺得現代化的意義應該具有一種更能適合全人類社會的方向，不應該具有濃厚的文化偏見，在大同的方向下，應該容忍歧異，應該保存各別的特性，同時更應該防止文化特化的發展，應該注意適度的調適，方是真正的適應，方是真正謀求全人類的幸福。

前面我把現代化的定義作三點檢討，下面讓我用中國文化的現代化問題，舉例加以申述。

三、中國文化現代化的問題

我的第三部份的討論——是關於中國文化現代化的問題。我想提出兩個不很成熟的論題，來跟諸位談談；這是根據前面談到的這一些，把它推演出來，做為對中國在現代化過程當中，應當怎麼樣，或者對於我們自己的文化應當如何表現我們特色的問題。

我覺得，就像我們剛才那個前題一樣——現代化是全人類追求的目標，但是在現代化之下，應該容忍或者鼓勵每一個文化保有它的特性，唯有如此，全人類文化的內容才能更豐富。

首先我要談的是，如何保持中國文化的特色？但是在回答這一問題之前，我們應該先問那些是中國文化特色的地方？對於這些我們該真正深入地去作一番檢討，而不能僅僅就表面的現象來作答。

第一個我要提出探討的是關於「風水」的問題，這也許很出諸位意料之外，但是請諸位暫時忍耐一下，讓我把問題慢慢說清楚。最近，臺灣省主席謝東閔先生曾發表一段談話，意思是說他願意將他彰化二水鄉的祖墳遷出，讓別人葬在他的祖墳上。

謝主席的這段談話很有意思，我不知道他話中真正的意義是什麼？但是我想他不外有兩個意思：一個是藉此破除迷信的觀念，讓所有的省民知道，不要相信他能夠做省主席是因為祖墓風水的澤被，他願意讓出墳地，就是表示他自己也不相信這觀念。第二個可能性，也許在表現他謙謙君子的風度，假如祖墳的風水好，我願意讓給別人。那麼做一個行政首長，表現他謙謙風采，似乎更能夠鼓勵社會效法他謙讓的美德。這兩種假設都可能成立，也可能是兩種合在一起。謝先生的這種態度，我覺得非常之好，非常之值得人讚揚。但是，就風水問題的本身來看，我覺得我們不能夠停留在破除迷信或謙讓的層次上，我們應該更進一步的去探討看看其真實的意義是什麼。

中國人的風水觀念，是有很長遠的歷史了。可能在周朝就開始有了，一直到現在這樣文明的社會，你我都受過高等教育，但是在我們之中仍有很多人還存留有這種觀念，有時在意識上並不相信，但是碰到困難或特殊事件發生的時候，經常就會想到風水的事。甚至於一些學術機構，算是最講「科學」的地方了，但在蓋房子的時候，有時還是要看一下風水，可見風水對中國人影響是很深根柢固的。

為什麼風水的觀念會如此深存於國人的思想之中呢？這並不僅僅是一種迷信，而可以說是一種生活方式。一般人所說的風水，都特別指墳墓的位置而言，實際上墳墓的風水只是風水的一種，墳墓的風水，只是陰的風水，其他尚有陽的風水，包括居屋的風水，公共建築如寺廟、公廨的風水，或至於整個城池的風水等等。對於墳墓風水的傳說，大家應該都很熟識，不必我多說，找好風水修蓋房子亦是如此。我們經常在鄉下看到，有些人家堂前門楣上懸掛著一面鏡子，這是表示它對面正好有棟房子沖著它，所以要懸塊「照妖鏡」把它頂回去。還有建築寺廟等公共建築一定要找一個合適的方向，正確的地點，還要看日子，找一個吉日、吉時才能破土動工。

關於整個城市的風水，我要為諸位講一個故事，那是關於我家鄉——福建省泉州坡的故事。泉州城的城池修得像條鯉魚一樣，所以有「鯉城」之稱。古老的傳說說如讓這鯉魚城維持活力，一定要水源充足，所以有一任府尹就創議在城裡開了很多條水溝，通過全城各角落，這一水溝系統，平常稱為「八卦溝」，據說這條水溝開了以後，泉州城就發達多了。類似泉州城風水的故事尚有很多，例如在泉州北面有另一縣叫永春，傳說永春為為網形，號稱網穴，網可以捕魚，所以永春人到泉州做生意，經常很發達，因為以網捕鯉，正得其用。泉州人為了要避免為網所捕，特地在城裡蓋了兩座高塔，以便穿破魚網，保住鯉穴！

泉州城的風水傳說看起來是無稽之談，但是假如我們仔細分析它，就可了解一點道理。在這個傳統裡，網穴與鯉穴的部份自然是較迷信的，但是開溝的事，我們實在可以看作是藉風水之名，而使泉州城中有溝渠之便，讓當時人們在沒有公共衛生設施狀況下使水流暢通。對於其他風水的例子，我們也可比照前述的例子來分析，我們如果剝去這些風水迷信的外衣，我們可以看出所有的風水，不論是墳墓、家屋、寺廟、公共建築等等，在迷信觀念之外，都存在著一套重要的觀念，那就是講究如何選擇好位置，以配合自然的景象，不僅是配合自然景象，同時也是配合人群關係，以及時間的節奏，由此看來，這實是中國人的一套哲學、一套宇宙觀，用科學的話來說，這是一套中國人的生態學（ecology）理論，在這套生態學理論之下，中國人所注意的有三個系統：

1. 讓人能夠好好的跟自然景象調和。
2. 讓人好好的和其他的人調和。
3. 讓人能夠和時間的節奏配合的很恰當。

這樣是把自然、人以及時間流三者看成一個系統，而在這個系統內各部份都求其很好的調適，這是中國人哲學的最高指導原則——人跟自然、跟時間是成為一個宇宙的整體，而這宇宙的整體要運行的話，則必需要這幾個因素合理的互相配合。

上面所說的這一套抽象的概念，我們假如用另一個例子來說，也許更清楚一點。中國人的山水畫，並不是只畫山水而已，畫中經常有人物存在於其中，人存在於山水之中，這就是表現出中國人把「人」當作是自然的一部份，人與自然是不能分開的，而是合成一個系統的。這種畫的意景充分表現國人的宇宙觀。西洋畫則不同；西洋畫的山水，都是真正的山水，人是站在外面欣賞，從不參與到圖畫中去的，這顯然是由於西洋人的宇宙觀是把人與自然分開的，人與自然是各成為一系統的。從這裡我們可以體會到，為什麼西洋人的生活態度是控制自然，以人的力量來把握自然，因為他們把人與自然看作不同的系統，而人是主動的，所以應該盡量取之自然以為己用。中國人則相反，我們的調協自然，雖然也取之自然但是並不過份取得，不但不過份取得，而且會歸之於自然，這正是因為中國人與自然看作是一系統的兩部份，在同一個系統中的部份只有均衡的調協，才能維持整個系統長久的運作。

從上面這些說明，使我們想到第二節所談的在進化過程中適度調適的意義。我們曾經說明西洋文化似是一種特化的文化，過份取之自然，也就太依賴自然，很易於變為不適者。而中國文化則可看作是一種適度的調適，雖然取之自然，但目的在維持人與自然共同系統的和諧，這種適度的調適，或者用我們傳統的術語——「中庸」的文化，說不定是在進化行列中最能持久的一種文化。

讓我再回到風水的問題來，風水外表雖是迷信的，這是經過幾千年來逐漸加上去的外在形式和手段，但形式和手段之內，它實含有一套真義，這就是中國人的傳統宇宙觀，調適人與自然，人與人的關係，使成為一個和諧的系統。所以我所要說的風水，並不是指外表的形式和手段，那是迷信的一部份，我要說的是風水的真義部份；那是一套適度調適的哲學，一套中國人的基本生活態度，這也是中國文化最主要的特色，這種特色也是我們應該予以發揚的。

總之，中國文化在世界文化中有其特別的地位，但是我們要保持中國文化的特色，並不能單就外表的形式來著手，我們對每一制度風俗，都應該加以詳細分析，剝去其外表的一層，尋找其真義，然後加以發展才對。

下面我們再用另一例子來加強這一命題。我所要談的是孝的問題，孝是中國文化的重要特色之一，這一種倫理精神無疑是中國文化對世界文化最重要的貢獻。但是，我們提倡孝，首先也需要了解什麼是孝的真義？什麼是孝的形式？換言之，假如我們要提倡孝，應該著重於孝的真義——孝道，不可將孝道和孝的形式——孝行混為一談。我國提倡孝，是值得鼓勵的一種中國文化的特質之保存。

孝的真義，簡單而言就是人跟人之間維持一個和諧關係，而不是像西方人那樣的個人主義發展到極致時，將感到人際之間的關係非常的冷漠，人與人之間的感情非常機械化。孝道的真正意義應該是保持人跟人之間和諧的關係，良好的調適；這情形和我剛剛提到風水基本意義的一部份是一樣的。今天，我們所鼓勵的，不是那種「臥冰求鯉」、不是那種「嚐親便」的孝行。那些孝行的意義只是鼓勵孝道罷了，我認為欲將孝道保持下去，我們該著重於保持人和人之間協調的關係，這也就是人倫關係的基本意義。但是我們又如何來誘導並發揚這一點，來作為中國現代化之特色，同時與現代化的環境配合，這才是我們應該努力的方向。

同時我們又如何維持孝道以配合現代化的人際關係呢？從社會科學的立場而言，所謂人際關係都可分化為一些角色的關係。分析這些角色關係，我們可以了解那一些是較合於現代化社會的，我們就盡量加以保存，那些不適於現代化關係的，則設法放棄掉（關於孝的現代化角色關係請參看前文）。

總之，我們所說的孝，應該以中國孝道中最基本的原則來加以發揚，這就是人跟人之間關係的和諧調合。我們一定要把孝的真義用現代的眼光來解釋它，這樣子才能夠合適於現代生活。我們也可以由這些例子來聯想到更多中國文化的特性，能夠用這樣子的觀點來了解我們自己的文化，希望一方面對我們中國文化的特色表現出來，一方面又在現代化生活下，很圓滿、很適當的調適它，這樣，對於中國社會、對於中國文化，甚至對於整個人類、整個世界文化的現代化，才會有真正的意義。

（演講紀錄原載幼獅月刊四一卷三期，民國六十四年三月）

現代人類學發展的趨勢

一、人類學的性質

人類學是研究人的科學，其研究的範圍包括「人」本身及其所創造的文化。人類學研究的人包括遠古的人及現代的人；人類學研究的文化包括遠古的文化與現代的文化，也包括「原始人」的文化及「文明人」的文化、自己的文化與他人的文化。人類學既然是研究人的身體——研究它如何從人猿的共祖進化為現代人，以及研究人類如何適應不同的環境而形成種族的差異，所以人類學是生物學的一支。但是人類學也研究人類的文化——研究人類的語言、藝術、思想等等，所於人類學也是屬於人文學（humanities）的一支；可是研究人類文化的文化人類學家又把人類看作是社會動物，而比較其社會行為的結構與模式，所以人類學又是行為科學或社會科學的一門。本文因本期中心論題範圍的限制，所以討論的重點放在人類的社會科學性這一面，換而言之，是着重於文化人類學的討論。

人類學對人類進化的研究，瞭解現代人類無論任何族別都是屬於同一種屬（species），因此其生物基礎是完全相同的，而文化人類學家就是基於這一概念，企圖探討在相同的生物基礎之下如何會產生我們所看到的這麼大的文化差異。文化人類學家為了要探尋人類文化的共通法則，所以把全世界不同的民族，不管是原始或文明，都把他們放在同一層次上作比較分析，這種不具文化歧見的觀點，經常使人誤會，以為人類學只是研究「野蠻」文化的科學。其實人類學家之所以較著重於原始的、簡單的文化系統的研究，是有其歷史的、方法的以及理論上的原因。從歷史傳統一方面說，早期的人類學家因為較興趣於人類文化進化系列上最初的階段，所以就着重初民文化的研究，其資料的累積也因此最為可觀；在方法上而言，因為初民文化較為簡單，以之作為模型加以研究，則對文化機體與結構內容的作用較易瞭解；至於在理論上，人類學家認為只有把初民文化包括在文化研究的範圍內，我們才能儘可能地把人類行為差異的幅度放到最大的範圍，而不致受某一文化的行為範圍所囿限。換而言之，文化人類學家的目的在於儘量搜集不同文化的資料以作為比較研究的素材，而綜合不同文化的資料以作比較的研究正是文化人類學最主要的特性。

二、人類學方法的檢討

文化人類學家既然習於研究較簡單的文化，所以他們慣於一個人在荒遠的部落或僻靜的村莊中從事工作，他們參與到小村裡每一家庭的生活之中，從而觀察其生活的各面。由此，人類學家經常能極為詳盡地描述其研究對象的一切，甚至於包括他們生活最隱私的部分。無疑的，這種被稱為「參與觀察」（participant observaton）和「深度訪談」（depth interview）的方法在研究小村落時確是最有效的工具，可是，人類學的目的是研究全人類的文化，因此在遇到較複雜的文明社會時，這種參與觀察與深度訪談的方法便受到很大的限制。這是很實在的情形，人類學家的研究方法除被批評只適於小社群的研究而不適於複雜社會之外，經常也被批評主觀的成分太大，所以資料的信度（reliability）很可疑，而且不喜歡用量化的方法來表達所搜集的材料，因此也很難與其他行為科學者所得的資料作比較。這些對人類學方法的批評都是十分中肯的，人類學的參與觀察與深度訪談固然在搜集資料的效度（validity）上有其特殊之處，但在信度與是否量化這兩個標準上就較其他社會科學的方法落後。一般來說，社會科學所用的蒐集資料的方法可包括如下各種：

(1)自由聯想（Free association）——精神醫學家所用的方法。

(2)參與觀察與深度訪談（（Participant-observation and depth interview））。

(3)半結構訪談（semi-structured interview）——一般社會訪問所用。

(4)有結構訪談或問卷調查（structured interview or questionnaire survey）——社會學家與心理學家所用。

(5)正式測驗（formal test）——心理學家所用。

這幾種方法，如依它們搜集材料的幅度寬度的情形來說，雖以前二種最高，但如依其信度及可量化的程度而言，則反次序遞減；換而言之，人類學所用的方法僅較精神醫學家用自由聯想的辦法詢問精神病患的信度稍高，而遠較其他三種方法的信度為低。所謂信度，是指其能作重覆試驗（repeatibility）的程度而言。人類學家「單槍匹馬」在荒野部落所做的調查，經常因他個人的感受與環境的許可與否而有變異，這種情形很少有可能讓第二位人類學家再去做一次工作，即使有這可能，所得的資料也會有很大的出入，這是人類學家被指責過於主觀的原因所在。同時，人類學家因為慣於在性質純一而行為差異甚小的社群中研究，所以不喜歡用數字來說明其觀察的現象，這對於善用統計方法來分析說明行為趨勢的其他社會科學家而言，實是很難於接受的事。

行為科學家們不僅認為人類學家搜集資料的方法有低信度與不能量化的缺點，而且他們也認為人類學家的研究出發點太過籠統，只把文化當作是一個整體看待，而不能針對特定問題作控制性的探究。同時，行為科學家們也批評人類學家在證明假設甚而建立理論時，都不免失之於缺乏嚴格的處理方法；他們認為人類學家不但不能對若干行為科學家所慣用的「變項」（variable）作有效的控制，甚且分不清楚何者是「自變項」（independent varible）何者是「依變項」（dependent varible）！

三、人類學內部的分化

人類學家對其他行為科學家們的批評並非無動於衷，人類學家除去努力保持其學科的特色外，對於這些外來的指責也虛心採納，並針對其重要批評論點，引起了內部方法與理論的興革。

人類學家針對著被批評為太籠統化，不能做到「問題定向」（problem-oriented）的探討，以及對假設、理論的建立較缺嚴格處理方法等問題，在最近二十年來曾引起一連串的反應，這就是人類學內部分支學科分化的趨勢。

一九五三年人類學界有一本重要書籍的出版，這就是以Alfred Kroeber之名編著的「今日人類學」（Anthropology Today: An Encyclopedic Inventory）。在這本巨著的五十一篇論文中除去有「應用人類學」的章節可認為是人類學內部再分友的學科外，不見任何同類分支學科名詞的出現。但是在二十年後，也就是一九七三年，有一本「社會及文化人類學手冊」（Handbook of Social and Cultural Anthropology）的出版（由John Honigmann主編），在該書的二十八章中有九章是用分支學科為標題，這分別是生態人類學（ecological anthropology）、數學人類學（mathematical anthropology）、認知人類學（cognitive anthropology）、結構人類學（structural anthropology）、經濟人類學（economic anthropology）、政治人類學（political anthropology）、城市人類學（Urban anthropology）、醫藥人類學（medical anthropology），與心理人類學（Psychological anthropology）等，此外有兩章是法律人類學（legal anthropology）和教育人類學（educational anthropology），雖未直接用這樣的名稱標出，但已有同樣的趨勢，這種科學的細部分化，確是最近一二十年來人類學發展的重要趨勢，而且其科目尚不只上述之種類。

促使人類學分支學科的這種細部分化的趨勢，實有其內在與外在的原因。我們在前文曾經說過，人類學最基本的性質是比較研究，企圖比較全人類的文化與行為以尋求其主要法則。但是橫在人類學家作客觀比較研究之前的，經常是一些為文化偏見所束縛的觀念，這些觀念使真正客觀的比較研究無法實現，例如在政治與法律兩領域中，由於西方民族中心主義的作祟，總是把「政府」、「國家」與「政治」，以及把「有組織的執法機構」與「法律」混為一談，因此認為許多原始民族沒有政府與國家的形態，也就沒有政治可言；很多原始民族沒有法庭或形式的執法機構，所以只有習慣而沒有法律的存在，這實在是對人類文化與行為的本質最大的誤解，而人類學家的研究就是針對這些偏見與誤解，從不同文化制度或行為的領域進行客觀的泛文化比較研究，這就是促使如政治人類學、法律人類學、經濟人類學、醫藥人類學、認知人類學等等分支學科的出現，而這些學科的建立不但使人類學家對人類行為的因次有更深的瞭解，而且對相關的科學也有很大的影響，例如政治人類學對一般政治行為及國家形成以前政治形態的研究，對政治學本身就有相當大的衝擊力。

從外在的因素而言，其他行為科學家的「問題定向」與趣以及研究方法的改進，也刺激人類學內部的分化趨勢。人類學家一向以研究文化為中心，他們把文化看作是一個整體，而研究各種制度對文化全體所發生的作用；或者用行為科學家的術語說，這是把「文化」當作依變項，而把各種制度看作「自變項」而研究自變項對依變項的作用。但是政治人類學、法律人類學等分支學科的出現，則是把政治、法律等等制度當作依變項，而研究其他文化因素（自變項）的變異如何產生或影響依變數的運作，這種研究立場的改變，顯然是趨向於對文化體系中特定制度或問題尋求更明確解答的轉變。

在另外一方面，人類學家之熱衷於接受其他科學的理論與方法，也是促使人類學分化的一種因素，前文所舉的生態人類學、數學人類學、心理人類學以及結構人類學等，都是明顯借用生態學、數學、心理學以及結構論者的理論與方法而建立的。

四、社會結構與意識結構

但是人類學因受到社會科學或行為科學的影響所產生的改變，卻還有更重要的發展。一九四九年是人類學理論的發展很重要的一年，這一年中出版了兩本書名很接近卻代表兩種不同方向的著作，這兩本書分別是美國人類學家George Peter Murdock所著的「社會結構」（Social Structure）和法國人類學家李維斯陀（Claude Lévi-Strauss）所著的「基本親屬結構」（The Elementary Structures of Kinship）——一九四九年初版為法文，其後譯成英文）。這兩本書都以結構為題，但是兩者所指的結構卻不是一件事，Murdock所說的結構是人際關係的結構，而Lévi-Strauss的結構則是指人類意識思維的結構，就由於這種對「結構」不同的看法，逐漸發展成為兩派完全不同的人類學思潮。

Murdock的社會結構一書代表那個時代人類學與社會學、心理學以及統計技術的結晶；

他利用二百五十個分布於全世界不同地區的民族誌為基本資料，運用人類學、社會學與心理學的理論，然後以統計學的技巧企圖理出人類社會關係的基本結構原則。這一本劃時代的著作，一方面綜結廿世紀前半以及更早期人類學家社會組織研究的成果，另一方面又開創了以泛文化比較研究（Cross-cultural comparison）的方法來探討人類社會關係與文化行為基本法則的傳統。Murdock當時所用的250種民族誌資料是來自美國耶魯大學人類關係研究所的「泛文化調查檔」（cross-cultural survey files），後來這一批資料再經擴展，就形成了現在的「人類關係區域檔案」（Human Relations Area Files簡稱HRAF），此一檔案現搜集有近一千種的民族誌資料，這對比較研究人類社會文化有興趣的人來說是一份最方便而基本的材料。由於人類關係區域檔案的建立及其複本通行於全世界重要人類學中心，以及Murdock和他的同事、學生們的共同鼓吹與努力，泛文化比較研究在今日已成為人類學的一種重要的研究趨勢；泛文化比較研究之所以在人類學之中成為重要趨勢，並不僅僅因為它是一種日趨成熟的研究方法，而更重要的是這種研究方法背後所代表的觀點，也就是認為社會法則是可經由外在行為現象的比較研究而獲得的。換言之，這一觀點所代表的思維是肯定經驗現象的觀察與分析，而分析的途徑則是量化與統計方法的運用，這也正是現代行為科學所着重之處。

代表另一重要發展趨勢的是Lévi-Strauss，在「基本親屬結構」一書之後尚有不少名著，自然其中最重要的是四本「神話研究」和二卷「結構人類學」（structural anthropology），由於後者，他所代表的學派就被稱為結構人類學派，但如前文所述，他所指的結構是意識思維的結構，而非社會關係的結構。

Lévi-Strauss承受法國社會學家涂爾幹與莫斯（M. Mauss）的傳統，但又深受結構語言學理論的影響，因此他不但特別着重「模式」與「交換」等觀念的發揮，同時更重於說明如語言法則一樣的先天性思維法則是如何作用於社會行為的表達；對Lévi-Strauss而言，社會關係的結構是無法從經驗的行為層次分析而得到的，因為人類行為的基本法則是受無意識（unconscious）模式所控制的，而非由於意識模式的約束，因此Lévi-Strauss認為只有從人類思維深層結構的探索，才能理出人類社會文化現象的基本法則，在這裡很明顯的他所說的結構不但在意義上與前述Murdock所說的結構有所不同，而且兩者之間實代表兩種完全相異的立場，Murdock所代表的是着重經驗層次的行為科學式探討，而Lévi-Strauss則代表哲學式的思維層次的追求。

Lévi-Strauss的結構論思想不但使他自己在親屬結構、儀式生活以及傳說神話的研究上大放異彩，而其影響所及則使人類學領域中的象徵研究、宗教儀式研究、認知研究等引起很大的波瀾，這些波瀾的境界將何止何終雖尚未可知，但Lévi-Strauss本人已被視為人類學的英雄卻是真有其事！

（原載新時代月刊第十七卷第四期，民國六十六年五月）

國家圖書館出版品預行編目資料

信仰與文化／李亦園 著
--初版. -- 臺北縣永和市：Airiti Press, 2010.03
面；　公分

ISBN 978-986- 6286-03-2（平裝）
1.信仰 2.宗教文化 3.宗教與社會 4.文集

214.07　　99001561

信仰與文化

作者／李亦園
總編輯／張　芸
責任編輯／呂環延・古曉凌
封面設計／吳雅瑜
封面攝影／刘满顺
校對／卓伊芸
法律顧問／立暘法律事務所 歐宇倫律師

發行者／Airiti Press Inc.
地址／臺北縣永和市成功路一段80號18樓
電話／(02)2926-6006
傳真／(02)2231-7711
Email／press@airiti.com
帳戶／華藝數位股份有限公司
銀行／國泰世華銀行　中和分行
帳號／045039022102

ISBN／978-986-6286-03-2
出版日期／2010年3月初版（※原書在此之前由巨流出版社所出版）
定價／新台幣NT$420元